Oswald Chambers

토기장이

"우리는 진흙이요 주는 토기장이시니
우리는 다 주의 손으로 지으신 것이라"(이사야 64:8)

오스왈드 챔버스
십자가의 구속

The Psychology of Redemption
Oswald Chambers

This edition copyright ©1997 by Oswald Chambers Publications Assn., Ltd.
Original edition copyright ©1922 by swald Chambers Publications Assn., Ltd.
All rights reserved
Published by special arrangement with Discovery House Publishers,
3000 Kraft Avenue SE, Grand Rapids, Michigan 49512 USA.

Korean translation copyright ⓒ 2010 by Togijangi Publishing House
Togijangi B/D, 26, Mangwonro, Mapogu 04007, Seoul, Korea

This Korean edition is published by arrangement with Discovery House Publishers
(3000 Kraft Avenue SE, Grand Rapids, Michigan 49512 USA.)

본 저작물의 한국어판 저작권은 Discovery House Publishers 와의 독점 계약으로 한국어 판권을
'도서출판 토기장이'가 소유합니다. 저작권법에 의하여 한국 내에서 보호를 받는 저작물이므로
무단 전재와 무단 복제를 금합니다.

특별한 표기가 없는 모든 성경 구절은 개역개정성경을 인용한 것입니다.

오스왈드 챔버스
십자가의 구속

오스왈드 챔버스 지음 • 스데반 황 옮김

토기장이

이 책의 출판배경에 대하여

「오스왈드 챔버스 십자가의 구속」은 오스왈드 챔버스의 아내 비디 챔버스가 이집트에서 돌아온 1919년에 첫 번째로 출판한 책이다. 1922년, 비디 챔버스와 딸 캐서린은 전기와 수도가 없는 안톤의 작은 오두막에 머물게 되었다. 비디 챔버스는 지인들의 경제적인 도움을 받아 옥스퍼드에서 이 책을 출간함으로써, 남편의 글들을 세상에 알리는 믿음의 첫걸음을 떼게 되었다.

오스왈드 챔버스의 다른 책들과 달리 이 책은 출판되기 전에 신문이나 잡지에 실린 적이 없다. 1922년에 출판된 이 책은 성경훈련대학 저널1932-1952보다도 시기상으로 한참 앞선다.

이 책의 재판본에 실린 데빗 람버트의 서문에 의하면, 그가 오스왈드 챔버스의 강의를 처음 들었던 때는 1914년 8월 스코틀랜드 퍼스에서 열린 기도 동맹 집회에서였다. 비디 챔버스는 이 집회에 참석하지 않았지만, 후에 남편이 성경훈련대학과 이집트에서 강의한 내용을 모아 이 책을 만들었다.

각 장의 첫 부분에 실린 개요는 오스왈드 챔버스가 사용하는 전형적인 교수법이다. 모든 강의 개요를 커다란 칠판에 적은 그는 그 개요를 통해 학생들이 강의 내용을 잘 기억할 수 있도록 시각적이고 문자적인 효과를 의도하였다.

초판의 서문

이 책은 나의 남편 오스왈드 챔버스가 1915년에 클래펌 성경 훈련대학영국 남서부 클래펌 근처 주택가 학교로서 기도 동맹회가 지원했다. 오스왈드 챔버스는 교장이며 주임 교사였고, 비디 챔버스는 여학생 담당 교사였다. 1911년에 개교했다가 1차 세계대전으로 1915년 7월에 폐교되었다-역주의 학생들에게 했던 강의와 그 다음해 이집트 자이툰 Y.M.C.A.카이로에서 약 10킬로미터 북동쪽으로 떨어진 자이툰에는 2차대전 당시 이집트 총사령부 기지와 영국, 오스트레일리아, 뉴질랜드 군의 대형 기지도 있었다-역주 막사에서 원정 군인들에게 했던 강의의 속기록을 편집하여 만든 것이다.

"내가 비옵는 것은 이 사람들만 위함이 아니요 또 그들의 말로 말미암아 나를 믿는 사람들도 위함이니"요 17:20.

이 책은 단지 예수 그리스도의 제자 오스왈드 챔버스가 전한 '말씀'에 그치지 않는다. 이 책이 널리 퍼져나가 많은 사람들의 삶에 '정결하게 하는 하나님의 위대한 말씀'이 되기를 기도드린다.

비디 챔버스

재판의
서문

성경을 손에 들고 마음을 집중하여 읽으라!

내게는 1914년 퍼스 컨벤션매년 오순절 기도 동맹이 주관하는 모임에서 처음으로 있었던 오스왈드 챔버스의 강의를 받아 적은 노트들이 있다. 강의를 들으면서 나는 전달되는 진리의 아름다움과 힘에 사로잡혀 있었다. 이 책의 핵심 메시지는 다음과 같이 정리할 수 있다.

"인자사람의 아들이신 주님은 주의 삶 가운데서 계속되는 자유의지적 선택을 통해 순진innocence을 거룩holiness으로 승화시키셨다. 주님은 거룩한 성품이 어떻게 개발될 수 있는지를 보여주는 영원한 패턴을 남겨주셨다."

이 책은 구속에 대해 알아야 할 필수적인 기본을 말해준다. 나는 이 책을 보면서 휫필드와 웨슬리 형제들에게 지대한 영향을 주었던 헨리 스쿠걸의 책 「사람의 영혼 안에 있는 하나님의 생명」Life of God in the soul of man이 생각났다. 또한 1668년에 애버딘 교수가 쓴 글이 생각났다.

"종교의 힘과 생명은 말보다는 행동에서 더 잘 나타난다. … 우리 복 되신 구세주의 거룩한 삶은 완전한 표본이었다. 주님께서 이 세상에서 하신 주된 일은 사람들에게 요구하신 실천 부분을 친히 행하심으로 가르치신 것이며 주께서 규정하신 규칙대로 말씀하신 것이다. 따라서 연약한 인간의 눈을 통해서라도 주님이 계시면 이 비천한 세상이 아름다워지고 밝아지는 것을 볼 수 있다."

이 책에서 오스왈드 챔버스는 이 땅에 사셨던 주님의 놀라운 삶과 그분의 이름으로 사는 우리의 삶을 비교하며 보여준다. 복음에 제시된 주님의 삶은 '거룩하게 된 생명'의 심리학을 완벽하게 설명하고 있다. 첫째 아담은 인간의 속성을 잘못 다루어 망가뜨렸지만 둘째 아담은 인간의 속성을 다시 하나님과의 바른 관계로 회복시켜 놓았다. 우리가 속죄와 거듭남을 통해 부활하신 주님의 생명으로 들어가면, 주님께 적용되었던 것과 동일한 성장 법칙이 우리에게도 적용된다.

"기독교 심리학은 사람에 대한 지식이 아니라 주 예수 그리스도에 대한 지식이다."

이 책을 통해 유익을 얻으려면 성경을 손에 들고 마음을 집중해야 한다. 또한 겸허하고 간절한 마음으로 "말씀을 향하는 자가 되고 듣기만 하여 자신을 속이는 자가 되지 않도록"약 1:22 해야 한다. 이 책은 인간의 속성 안에서 '거룩'이 어떻게 역사하는지를 잘 보여주기 때문에, 지금 이 시대의 필요를 충족시킬 것이다. 이 책은 죄가 어떻게 사람의 속성을 사로잡았는지를 보여주면서, 죄가 비정상이라는 사실을 말해 준다. 죄는 하나님께서 결코 의도하지 않으신 관계로부터 왔다. 그러나 인간의 속성을 지니셨던 주님은 그분의 십자가를 통해 잘못된 관계를 무너뜨리시고 새로운 관계를 세우셨다. 이 관계 속에서 우리는 새 언약의 약속인 거룩한 삶을 이루어낸다히 8:10-12. 그 삶은 생각과 감정과 목적과 섬김을 통해 나타난다.

이 책이 수년 동안 많은 사람들에게 큰 축복이 되었던 것처럼, 앞으로도 많은 사려 깊은 제자들에게 놀라운 축복이 되기를 바란다. 그래서 그들도 사도들의 신앙고백의 절정인 "내가 사는 이유는 그리스도 때문이다"라는 상태에 이르기를 기도드린다.

데이비드 램버트

1871-1961, 감리교 목사이며 오스왈드 챔버스 부부의 친구였다.
1917년부터 1961년까지 오스왈드 챔버스 출판 협회 일로 챔버스 부인을 도왔다 - 역주

차례

이 책의 출판배경에 대하여 | 초판의 서문 | 재판의 서문

Chapter 1 : 연구의 기초 … 11
Chapter 2 : 연구의 통로 … 25
Chapter 3 : 주님의 탄생과 우리의 중생 … 39
Chapter 4 : 주님의 기록되지 않은 기간과 우리의 숨겨진 생명 … 52
Chapter 5 : 주님의 세례와 우리의 소명 … 69
Chapter 6 : 주님이 받으신 유혹과 우리가 받는 유혹 … 86
Chapter 7 : 주님의 변모와 우리의 비밀 … 105
Chapter 8 : 주님의 고통과 우리의 친교 … 122
Chapter 9 : 주님의 십자가와 우리의 제자도 … 144
Chapter 10 : 주님의 부활과 우리의 생명 … 161
Chapter 11 : 주님의 승천과 우리의 연합 … 173
Chapter 12 : 주님의 영화와 우리의 영광 … 189

역자 후기

: Chapter 1 :

연구의 기초

고린도전서 15장 45-50절에 대한 개요	
첫째 사람 – 아담	• 산 영혼45절 • 본성적46절 • 땅에 속함47절
둘째 사람 – 그리스도	• 살리는 영45절 • 영적46절 • 하늘에 속함47절
새사람 – 성도	• 땅과 하늘에 속한 형상48절 • 하늘에 속한 형상에 의해 땅에 속한 형상이 지워짐49절 • 하나님에 의해 하나님의 왕국을 유업으로 받음 50절

"사람의 일을 사람의 속에 있는 영 외에 누가 알리요 이와 같이 하나님의 일도 하나님의 영 외에는 아무도 알지 못하느니라 우리가 세상의 영을 받지 아니하고 오직 하나님으로부터 온 영을 받았으니 이는 우리로 하여금 하나님께서 우리에게 은혜로 주신 것들을 알게 하려 하심이라 우리가 이것을 말하거니와 사람의 지혜가 가

르친 말로 아니하고 오직 성령께서 가르치신 것으로 하니 영적인 일은 영적인 것으로 분별하느니라 육에 속한 사람은 하나님의 성령의 일들을 받지 아니하나니 이는 그것들이 그에게는 어리석게 보임이요, 또 그는 그것들을 알 수도 없나니 그러한 일은 영적으로 분별되기 때문이라 신령한 자는 모든 것을 판단하나 자기는 아무에게도 판단을 받지 아니하느니라"고전 2:11-15.

기독교 심리학은 인간에 대한 지식이 아니라 주 예수 그리스도를 아는 지식에 기초한다. 또한 인간의 속성을 분석하고 설명하는 연구가 아니라 주님의 구속을 통해 우리 안에 태어난 새 생명에 대한 연구이다. 새 생명의 유일한 표준은 주님이다. 주님은 우리가 중생할 때 우리 안에 형성되신다갈 1:15-16. 우리는 인간에 대한 이해를 곧 주님에 대한 이해로 받아들이면서, 자연스럽게 우리 자신을 연구하기 시작하여 그 논리를 예수 그리스도께 적용하려는 경향이 있다.

기독교 심리학은 일반 심리학에서 하는 것처럼 인간의 내면을 들여다보는 것이 아니다. 우리는 주 예수 그리스도 안에서 그분을 통해 우리에게 주어진 계시를 받아들여야 한다. 인간적 지혜가 아닌 하나님의 아들로부터 오는 계시를 기독교 심리학의 모든 기반으로 삼아야 한다. 기독교 심리학을 연구하는 목적은 자신을 이해하기 위함이 아니라 인자사람의 아들 되신 하나님의 아들, 주 예수 그리스도의 생명이 우리 안에 나타남을 이해하기 위한 것이다.

성경에 따르면 하나님이 인류의 대표로 취하신 두 사람이 있다. 아담과 예수 그리스도이다. 이 두 사람은 개인이 아니며 모든 인류는 두 사람을 중심으로 그룹을 만든다. 첫째 아담은 '하나님의 자녀'the son of God로 불리고 둘째 아담은 '하나님의 아들'the Son of God이라고 불린다. 우리는 마지막 아담에 의해 하나님의 자녀들이 되었다. 그리스도인은 아담도 아니고 예수 그리스도도 아니다. 그리스도인은 그리스도 예수 안의 새사람이다. 하나님의 규준에 맞는 사람은 오직 두 사람, 즉 첫째 아담과 마지막 아담으로서, 이 둘은 하나님으로부터 직접 이 세상에 왔다.

첫째 사람

산 영혼

"첫 사람 아담은 생령이 되었다 함과 같이"고전 15:45.

사람을 몸과 혼과 영으로 나누지 않도록 주의하라. 사람은 몸과 혼과 영을 다 합친 존재이다. 혼은 사람의 인격적 영이 몸으로 나타나는 표현이다. 영은 '내 자신'으로서 '나'라고 하는 헤아릴 수 없이 깊은 존재로, 혼 안에서 자신을 표현한다. 사람의 불멸하는 부분은 혼이 아니라 영이다. 사람의 영은 전능하신 하나님처럼 파괴될 수 없다. 영이 혼 안에서 표현되려면 몸이 있어야 한다. 성경에서 혼은 언제나 몸과 연결되어 언급된다. 혼은 몸과 영을 함께 붙든다. 몸이 사라지면 혼도 사라진다. 그러나 사람의 가장 근본적인 인격성 personality: 오스왈드 챔버스의 신학에서 매우 독특한 개념을 가진 용어로, 동물이나 다른 피조물로부터 인간을 구별 짓는 속성인 인간의 영이다 – 역주은 몸이 사라져도 남는다. 부활 때 다른 몸이 주어지면 그 즉시 혼의 생명은 다시 나타난다요 5:28-29. 부활은 결코 멸하지 않는 인격성인 영이 다시 사는 것이 아니라 몸과 혼이 다시 일어나는 것이다.

'산 영혼'a living soul은 하나님께서 디자인하신 그대로 사람이 자신을 표현하는 것을 의미한다. 하나님은 사람을 뛰어난 도덕적 존재로 창조하셔서 땅과 하늘과 바다를 다스리기에 적합하게 하셨다. 그러나 사람은 자신을 다스려서는 안 되고 하나님을 주인 삼아야 했다. 첫 사람은 순종에 의해 그의 자연적인 생명을 영적인 생명으로 바꾸도록 되어 있었다. 만일 아담이 그렇게 했더라면 인류는 하나님 앞에 설 수 있을 만큼 승화될 때까지 계속 발달하였을 것이다. 또한 죽음도 없었을 것이다. 지금 우리에게 죽음은 자연스러운 것이 되었다. 그러나 성경은 죽음이란 비정상적임을 계시한다.

아담은 자연적인 것을 영적인 것으로 변화시키기를 거부했다. 그는 자신에 대한 통치권을 스스로 취함으로써 죄의 유전을 인류에 끌어들인 장본인이 되었다롬 5:12. 그 즉시 그는 땅과 하늘과 바다의 통치권을 잃게 되었다. 죄의 유입은 인간과 하나님과의 연결이 끊어지고 자신에 대한 권리를 주장하는 자아실현의 성향이 인간의 마음에 들어왔음을 의미한다.

"만물이 그에게서 창조되되"골 1:16. 그렇다면 하나님께서 죄를 창조하셨는가? 죄는 피조물이 아니다. 그것은 하나님께서 결코 의도하지 않으신 관계로부터 왔다. 피조물 인간과 타락한 마귀와의 있어서는 안 되는 관계로 인해 만들어진 것이다. 하나님은 죄를 창조하지 않으셨지만 친히 죄의 가능성에 대해 책임을 지셨다. 바로 주 예수 그리스도의 십자가가 그 증거이다. 하나님께서 책임을 감당하시기 위해 갈보리를 계획하시고 구속을 통해 책임을 지신 사건이 십자가이다. 죄의 근본적인 속성은 자신에 대한 권리 주장이다. 죄가 들어온 즉시 사람과 하나님 사이의 관계는 끊어졌다. 하나님과의 하나 됨은 더 이상 불가능하게 되었다.

본성적 자연인

> "그러나 먼저는 신령한 사람이 아니요 육의 사람이요 그 다음에 신령한 사람이니라"고전 15:46.

거듭나지 않은 사람은 언제나 '자연인'일 뿐이다. 요한복음 3장에서 주님은 죄와 지옥에 대해 말씀하신 것이 아니다. 주님은 깨끗하고 정직하며 선하고 고상한 삶을 살고 있는 자연인, 곧 어떤 종교 지도자와 말씀을 나누신다. 주께서는 그에게 "내가 네게 거듭나야 하겠다 하는 말을 놀랍게 여기지 말라"요 3:7고 말씀하셨다. 이 말씀의 일반적인 개념은 예수 그리스도께서 어떤 사람에게 역사를 일으키지 않으시면 그는 죄덩어리의 사람이라는 뜻이다.

평범한 복음 선포를 들어보면, 주로 극적인 사건이나 특이한 체험을 겪은 사람들을 예로 든다. 그러나 초대 제자들 중 그 누구도 예외적인 체험을 한 사람이 없다. 그들은 단지 예수 그리스도 안에서 전에 보지 못했던 사실을 보았을 뿐이다. 바로 주님은 외부 영역에서 온 '인자'Man라는 사실이다. 그 후 그들은 주께서 뜻하시는 바를 갈망하기 시작했다.

우리는 사람들에게 전도할 때 마치 그들이 자신의 죽음을 의식하는 죄인들인 것처럼 여긴다. 그러나 그렇지 않다. 그들은 아무런 아쉬움 없이 좋은 시간을 보내고 있다. 만일 우리가 거듭남에 대해 언급하면 그들은 우리를 딴 세상에서 온 사람처럼 여긴다. 자연인들은 거듭나기를 원하지 않는다.

땅에 속한 사람

"첫 사람은 땅에서 났으니 흙에 속한 자이거니와"고전 15:47.

사람이 흙으로 지어졌다는 사실은 영광이지 부끄러움이 아니다. 그 이유는 하나님께서 흙으로 지어진 피조물 안에서 주의 영광을 나타내시기 때문이다. 우리는 흙으로 지어진 것을 부끄럽게 생각하는 경향이 있지만 하나님의 말씀을 보면 그렇게 생각할 필요가 없다.

중세 시대의 사람들은 자신들의 몸 안에 죄가 거하고 있다고 믿었다. 그래서 몸을, 자신들의 삶을 얽어매는 짐이나 방해물로 여겼다. 그러나 성경은 몸이 성령의 전이라고 가르침으로써 우리가 몸을 멸시하지 못하도록 한다. 몸이나 인간의 속성을 가진 것이 죄는 아니다. 몸이나 속성은 하나님께 희생되어야 하는데, 죄는 하나님의 부름에 그것들을 희생하기를 거절한다. 죄는 몸을 다스리는 어떤 성향인데, 중생은 우리가 죄의 성향에 순종할 필요가 없도록 만들며 죄의 성향으로부터 우리를 완전하게 구원한다롬 6:6.

둘째 사람

살리는 영

"마지막 아담은 살려주는 영이 되었나니"고전 15:45.

예수 그리스도는 외부로부터 인류에게로 들어오셨다. 우리가 거듭날 때 주의 생명은 외부로부터 우리 안으로 들어온다. 예수 그리스도는 표준의 사람이다. 주님이 대하시는 하나님과 마귀와 죄와 사람들과의 관계 속에서, 우리는 주께서 '영생'이라고 부르는 것이 인간의 속성 안에서 어떻게 표현되는지를 본다.

사람들은 그릇된 방법으로 예수님의 생명에 들어가려고 애쓴다. 우리는 모방에 의해 주의 생명에 들어갈 수 없고, 주께서 죽음을 통해 우리에게 먼저 오실 때 비로소 들어갈 수 있다. 예수 그리스도는 그분의 생명 곧 성령을 우리에게 주신다. 우리가 하나님께 성령을 구하면, 하나님은 그분의 속성 자체인 성령을 주신다. 우리는 마지막 아담에게서 생명의 선물을 위로부터 받아 중생한다. 그러면 우리는 우리의 영 안으로 들어오신 성령께 순종하며 살아야 한다.

복음의 기록들은 세상적인 관점에서 주님의 위격을 이해하도록 하는 것이 아니라 위로부터 거듭난 자들이 주님의 생명을 어떻게 나타낼 수 있는지를 이해하도록 돕는다. 이를 위해 우리는 예수 그리스도께 가르침을 받아야 한다. 하나님의 구원과 주권을 찬양하면서 정작 인간의 속성 안에서 주의 구원을 나타내기를 거절하려는 모습은 위험하다.

신령한 사람

"그러나 먼저는 신령한 사람이 아니요 육의 사람이요 그 다음에 신령한 사람이니라" 고전 15:46.

영의 속성은 땅에 속하지 않는 것이다. 거짓 영성들이 많지만 예수 그리스도의 영성은 거룩하다. 예수 그리스도는 영적인 관점으로부터 일하셨다. 성령이 주 안에 온전히 거하셨기 때문에, 주의 영성은 그분의 평범한 삶 속에서 나타났다.

하늘에 속한 자

"둘째 사람은 하늘에서 나셨느니라" 고전 15:47.

둘째 사람은 '하나님의 아들'이 역사 가운데 나타난 분이시며 인류의 궁극적 모습이 어떠할지를 보여준다. 둘째 사람 안에서 우리는 사람이신 하나님, 곧 신-인God-Man을 대하게 된다. 그분은 그분의 위격 안에서 온 인류를 대표하신다.

예수 그리스도는 두 인격을 지닌 존재가 아니시다. 그분은 전능하신 하나님을 정확하게 대표하는 하나님의 아들이시며 하나님께서 사람의 표준으로 제시하는 인자사람의 아들이시다. 하나님의 아들로서 예수 그리스도는 하나님이 어떠한 분이신지를 계시하신다요 14:9. 사람의 아들로서의 주님은 구속 위에 서 있는 인류가 장차 어떠할지를 반영한다. 즉, 하나님과 사람 사이의 완전한 연합의 모습을 보여준다엡 4:13.

새사람

땅과 하늘에 속한 형상

> "무릇 흙에 속한 자들은 저 흙에 속한 자와 같고 무릇 하늘에 속한 자들은 저 하늘에 속한 이와 같으니"고전 15:48.

'자연에 속한 것'은 그 자체 내에 영생이 없다. 그러므로 우리는 위로부터 거듭나야 한다. 위로부터 거듭난다는 뜻은 성령께서 우리의 인격적인 영 안으로 들어오셔서 우리를 완전히 새롭게 살리심으로써 우리가 하늘로 들려지는 것을 말한다. 성령은 예수 그리스도께서 우리를 위해 이루신 일을 우리 안에 이루신다. 성령은 본질적 신성을 지닌 하나님이시다. 주님께서 이 땅에 계실 때 신성이 나타나셨던 것처럼, 성령은 신성으로 우리에게 나타나 힘을 주신다. 성령은 결단코 우리의 영이 되지는 않으시며, 대신 우리의 영을 살리신다. 우리의 영이 사는 즉시 우리는 새로운 마음혼을 표현하기 시작한다.

하나님의 영이 우리의 인격 안으로 들어오시면 종종 우리의 마음은 요동하기 시작하고 신체의 균형도 깨진다. 건강이란 신체가 외부 환경과 균형을 이루는 것이다. 내면의 평정을 흔드는 것들은 외적인 신체적 평정까지 흔들어 놓는다. 따라서 사람이 죄책감을 느끼면 "그의 아름다움은 좀먹음같이 사라진다"시 39:11. 아름다움이란 사람의 속성이 완벽하게 정연되어 있는 것을 의미한다. 어떤 사람에게 성령이 임하면 그는 한동안 부자연스럽게 느낀다. 하나님의 영이 어두운 것 위에 빛을 던지시기에, 당혹스러움과 책망을 느끼는 것이다.

성령은 인간의 성향의 가장 깊은 부분을 살피신다. 따라서 복음 설교는 사람들의 마음에 강렬한 열망을 일깨우지만 강한 분개도 일으킨다. 죄의 책망을 느낀다는 것은 우리의 자연적인 삶이 예수 그리스도를 거부하는 성향에 기반을 두고 있다는 사실을 깨달았다는 의미이다. 이제 어떤 사람이 성령께 순종하면 거룩의 새로운 균형이 세워진다. 즉, 그의 성향이 하나님의 법과 균형을 이루게 된다. 그러면 그는 몸으로도 하나님의 뜻에 순종해야 한다. 이는 육체와 함께 정과 욕심을 십자가에 못 박음을 의미한다갈 5:24.

하늘에 속한 형상에 의해 땅에 속한 형상이 지워짐

"우리가 흙에 속한 자의 형상을 입은 것같이 또한 하늘에 속한 이의 형상을 입으리라"고전 15:49.

당신은 이 땅의 것이 하늘의 것에 의해 사라지는 것을 한 번이라도 본 적이 있는가? 거듭난 후 주님과 동행하는 사람들의 얼굴을 주시해보라. 정확하게 말로 표현할 수 없는 어떤 변화가 있을 것이다. 이는 하나님께서 우리를 완전히 새롭게 하실 때 우리 몸도 내면에 새롭게 오신 성령에 의해 빚어지면서 성령을 나타내기 때문이다고후 5:17.

우리가 성령을 받을 때, 성령께서는 우리를 예수 그리스도께서 거하시는 영역으로 옮기신다. 그러면 모든 것이 새롭게 된다. 우리는 예수 그리스도를 세상의 기준으로 평가할 수 없다. 그분은 이 세상 차원에 속한 분이 아니시다. 주께서는 우리가 주님의 차원에 속하기 원한다면 위로부터 거듭나야 한다고 말씀하신다요 3:3,7. 톨스토이는 예수 그리스도의 교훈을 가르쳤지만 거듭나야 할 필요를 무시했다. 사람들로 하여금 성령을 받게 하라. 그러면 예수 그리스도께서 그들이 주님께 기대하는 모든 것을 그들 안에서 행하실 것이다. 그들은 성령께서 언제나 역사하심을 발견하게 될 것이다.

고통 없이는 그 무엇도 태어날 수 없다. 사람은 고통 없이 하나님 나라의 백성으로 태어날 수 없다. 양심과 마음이 다시 조정되는 과정이 있어야 한다. 이는 고통을 의미한다. 구속은 사람을 하늘나라에 들어가도록 만들지만 이보다 훨씬 더 많은 의미를 포함한다. 즉, 새 출생중생 및 거듭남의 사건을 말한다 - 역주은 지금 이 세상 속에서 하나님께 가치 있는 존재가 되는 일과 관련된다.

하나님에 의해 하나님의 왕국을 유업으로 받음

"형제들아 내가 이것을 말하노니 혈과 육은 하나님 나라를 이어받을 수 없고 또한 썩는 것은 썩지 아니하는 것을 유업으로 받지 못하느니라"고전 15:50.

죄와는 별개로, 거듭나지 않은 자연인의 특징은 독자성과 개별성이다. 개별성은 인격적 생명을 덮고 있는 딱딱하고 두드러지며 다소간 추한 껍질이다. 그것은 어린아이에게는 어울리는 특징이지만, 어른에게는 추할 뿐 아니라 위험하기까지 하다. 다른 사람뿐 아니라 하나님으로부터도 독립하려고 하기 때문이다. 하나님으로부터의 독립이 바로 죄의 속성이다. 개별성의 교만을 제거하고 예수 그리스도와 하나 될 수 있는 유일한 방법은 위로부터 거듭나는 것이다.

죄는 인간의 속성 안에 거한다. 그러나 성경은 죄가 비정상적인 것임을 분명하게 제시한다. 죄는 인간의 속성 안에 거할 자격이 없고, 하나님께서 인간의 속성을 구상하실 때 죄는 거기에 속하지 않았다. 그러나 죄는 인간의 속성에 들어와 그 속성을 타락시키고 기형을 만들어 버렸다. 주 예수 그리스도를 통한 하나님의 구속은 죄로부터 인간의 속성을 구원한다. 그러면 예수님의 생명이 우리의 유한한 육체를 통해 나타나기 시작한다.

우리는 하나님의 은혜에 의해 구원을 받는다. 그러나 감사하게도 우리에게도 할 일이 있다. 우리는 순종으로 하나님의 초자연적인 은혜의 역사에 화답해야 한다. 우리가 죄로부터 구원 받으면 자연적 생명의 특성들은 희생되어야 한다. 그것들을 말살하거나 무시해서는 안 되고, 그것들이 희생되도록 도와야 한다. 즉, 자연적인 것들은 순종에 의해 하늘에 속한 것들과 조화를 이룰 수 있도록 변화되어야 한다엡 4:23.

우리는 죄로부터 구원을 받아 하나님께 재조정되었다. 그러나 우리는 여전히 사람이다. 따라서 우리 안에서 하나님께서 실제로 하신 일들을 현실 가운데 그대로 드러내는 수고를 해야 한다. 하나님께서는 친히 주의 자녀들로 삼은 사람들이 스스로 하나님의 자녀라는 사실을 드러내기 위해 수고할 것을 기대하신다. 우리는 시작할 때는 잘하다가도 가다가 쉽게 멈춘다. 끊임없이 바른 위치에서 살아가지 않으면 다시 육에 속한 '아담'과 같아질 것이다. 현재 우리의 기독교 사역 중 많은 부분이 마지막 아담인 예수 그리스도의 마음 위에 서 있지 못하고 '아담'의 마음 위에 서 있다. 주님을 향한 사탄의 유혹은 첫째 아담이 가졌던 육에 속한 마음을 갖게 하는 것이었다.

"사람의 필요를 제일로 두라."

그러나 예수 그리스도는 말씀하신다.

"사람의 필요를 먼저 생각하지 말라. 하나님의 명령을 먼저 생각하라"막 12:29-31.

자연적인 개별성은 자연적인 관계를 강하게 붙든다. 개별성에 근거한 자연적인 관계는 부모, 형제, 부부, 자녀, 자기 유익 등이다. 주께서는 우리가 주의 제자가 되려고 할 때 이러한 관계들이 걸림돌이 될 것이라고 말씀하신다. 주님께서는 만일 이러한 관계들이 제자 되는 것을 방해한다면 즉각 주께 순종해야 한다고 말씀하신다눅 14:26. 우리가 예수 그리스도께 순종할 때 다른 사람들에게 많은 아픔을 줄 수 있다. 그러나 우리가 그들에게 아픔을 주지 않기 위해 또는 그들의 조롱이나 아픔이 싫어서 하나님을 향한 순종을 피한다면, 우리는 하나님의 부르심이 그들의 삶 가운데 임하는 것을 막는 셈이 된다. 우리가 하나님과 함께 앞으로 나아간다면, 이러한 자연적인 모든 관계들은 결국 우리에게 영적 유익을 주게 된다.

: Chapter 2 :

연구의 통로

기억해야 할 것들	깨달아야 할 것들
• 그리스도의 계시마 16:16-17	• 복음적 체험공관복음과 사도 요한
• 그리스도에 관한 기록요 5:39	• 검증된 체험서신들
• 그리스도를 깨달음고전 1:30	• 실행되는 체험현재의 순종

    기독교 심리학의 기본은 사람에 대한 지식이 아니라 주 예수 그리스도에 대한 지식이다. 주님을 삶의 '본'으로 삼기는 쉽다. 그러나 성경에 의하면 주님은 훨씬 그 이상이다. 주님은 구세주Redeemer로서 우리 안에 주님의 생명을 재생하신다. 위로부터 거듭났다는 뜻은 회심 이상을 의미한다.

    거듭남이란 그리스도께서 친히 우리 안에 형성된다는 뜻이다. 우리 안에 계신 그리스도는 이 땅에 사셨던 그리스도와 정확하게 동일하다. 따라서 예수 그리스도께서 그분의 생애 가운데 보이셨던 특징들이 그리스도인들 안에 나타난다. 기독교 심리학은 주 예수 그리스도가 누구신지에 대한 깨달음과 함께 우리 안에 계신 그분의 생명에 대한 체험적인 이해에 기초를 둔다.

시력과 시각 기관에는 차이가 있다. 대부분의 사람들은 시력이 있으면 만족할 뿐 시각 기관에는 그다지 신경 쓰지 않는다. 그러나 시각 기관이 잘못되면 시력만 있는 사람은 고칠 수 없고 시각 기관이 어떻게 만들어져 있는지를 아는 사람만이 고칠 수 있다.

기독교 사역자들은 "오, 그래. 내가 하나님의 은혜로 구원을 받았으니 그것으로 충분해"라고 말하는 경향이 있다. 구원을 받은 것만으로 충분하다고 여길지 몰라도, 만일 당신이 '부끄러울 것이 없는 사역자'가 되려고 한다면 구원 받은 사실에서 멈춰서는 안 된다. 당신은 성경이 구원에 대해 무엇을 말하는지 알아내는 수고를 해야 한다. 대부분의 사람들이 시력이 있다는 사실로 만족하지만 실상 그들은 영적 시각 기관에 문제가 있다. 그러나 우리는 그 문제를 어떻게 다루어야 할지 모른다. 기껏해야 간증을 말한다. 그러나 그것으로 충분하지 않다. 기독교 심리학에 대한 연구는 자신의 구원뿐 아니라 다른 사람들을 어떻게 도울 수 있는지를 이해하게 한다.

기억해야 할 것들

그리스도의 계시

"시몬 베드로가 대답하여 이르되 주는 그리스도시요 살아 계신 하

나님의 아들이시니이다 예수께서 대답하여 이르시되 바요나 시몬
아 네가 복이 있도다 이를 네게 알게 한 이는 혈육이 아니요 하늘
에 계신 내 아버지시니라"마 16:16-17.

　주 예수 그리스도는 상식적인 사실이 아니다. 즉, 상식을 수단으로 그분을 이해할 수 없다. 상식 단계에 있었던 제자들은 그들의 상식적 수단, 즉 눈과 귀와 모든 상식적 능력으로 예수 그리스도를 알려고 했다. 그러나 주님이 누구신지 절대로 알지 못했다. 주님은 계시적인 사실이다. 베드로가 "주는 그리스도시요 살아 계신 하나님의 아들이시니이다"마 16:16라고 고백했을 때, 예수 그리스도는 베드로가 상식으로 이를 알아낸 것이 아니라 하나님의 계시를 받았음을 인정하셨다. 당신에게 예수 그리스도는 계시인가, 아니면 단지 역사적인 인물인가?
　성경은 계시된 사실들의 세계이다. 자연적 세상은 상식적인 사실들의 세계이다. 이 두 세계와 통하는 우리의 수단은 각각 다르다. 우리는 상식으로 자연적 세계를 접하고, 우리의 지성은 호기심이 있어야 한다. 체계적 상식인 과학적 지식은 강력한 지적 호기심에 그 뿌리를 두고 있다. 자연적 세계에서 호기심은 잘못된 것이 아니라 오히려 바람직한 것이다. 만일 지적인 호기심이 없다면 우리는 아무것도 알지 못할 것이다. 하나님은 절대로 지적 게으름을 장려하지 않으신다.

그러나 하나님에 대한 계시 사실들인 성경의 세계에서는 지적 호기심이 전혀 쓸모없다. 이곳에서는 우리의 감각들이 전혀 도움이 되지 않는다. 인간의 탐색으로 하나님을 알아낼 수 없다. 상식적 생각으로 '하나님'이라고 부르는 대상을 추론해낼 수는 있을지 모르지만, 그러한 생각들은 단지 추상적 개념들이다. 우리는 믿음에 의해서만 성경에 계시된 사실들을 이해할 수 있다. 믿음은 잘 속는 것을 뜻하지 않고, 나의 인격적 영이 하나님께 순종하는 것을 의미한다.

성경은 상식의 사실들을 다루지 않는다. 자연의 영역은 상식적 사실들을 다루며 우리는 감각으로 그 사실들을 이해한다. 성경은 상식으로는 이해할 수 없는 계시의 사실들을 다룬다. 사람들은 계시 사실들을 자신들의 상식으로 가볍게 다루기를 좋아한다. 예를 들어, 예수 그리스도, 죄, 마귀, 성령 등은 계시 사실들이다. 이 중 어느 것도 상식적 사실이 아니다. 상식으로만 사는 사람은 하나님 없이도 잘 지낸다.

과학적 지식을 얻기 위해서는 상식을 사용해야 한다. 그러나 예수 그리스도께서 다루시는 하나님 나라에 속한 사실들을 알고자 한다면, 우리는 그 사실들이 우리에게 계시되도록 해야 한다. 당신이 주께서 거하시는 영역에 이르려면 그 전에 반드시 거듭나야 한다. "내가 네게 거듭나야 하겠다 하는 말을 놀랍게 여기지 말라"요 3:7. 예수 그리스도께서 거하시는 영역은 성경 사실들의 영역이다. 어떻게 우리는 예수 그리스도의 계시를 취할 수 있는가? 당신이 원하기만 한다면 이는 매우 간단하다. 예수 그리스도는 성령께서 그를 영화롭게 하실 것이고 우리가 구함으로써 성령을 받을 수 있다고 말씀하셨다눅 11:13. 성령을 받은 후에야 우리는 베드로와 같은 부류에 속하게 된다. 그러면 예수 그리스도는 우리에게 "네가 복이 있도다 이를 네게 알게 한 이는 혈육이 아니요 하늘에 계신 내 아버지시니라"고 말씀하신다.

예수 그리스도는 계시이다. 우리는 성령을 받음으로써 그분의 계시를 깨달을 수 있다. 예수 그리스도는 상식으로는 깨달을 수 없는 것들을 계속 말씀하셨다눅 11:13. 당신은 성령을 받았는가? 당신이 좋아하지 않는다고 해서 진리를 깨달을 수 있는 길을 거절한다면, 당신은 정직하지 않은 것이다.

그리스도에 관한 기록

"너희가 성경에서 영생을 얻는 줄 생각하고 성경을 연구하거니와" 요 5:39.

창세기부터 요한계시록까지 성경은 전부 예수 그리스도의 계시들이다. 성경의 맥락은 주님이시다. 따라서 주님과 바른 관계를 맺기까지, 성경은 우리에게 일반 서적과 다를 바가 없다. 상식으로는 예수 그리스도를 깨닫지 못한다. 상식의 관점에서 주님은 2000년 전에 사셨던 나사렛 목수일 뿐이다. 거듭나지 않은 자연인은 예수 그리스도를 알 수 없다마 11:27. 소위 고등 비평은 상식적인 선상에 있다. 따라서 고등 비평이 주님을 다룰 때는(주님의 가장 높은 감각은 상식이 아니라 신성이다.) 주님을 설명해야 하기 때문에 주님의 위격을 "분석에 의해 분해한다"요일 4:1-3.

고등 비평이 발견한 내용들이 논리적으로 입증될지도 모른다. 그러나 인생에서 가장 중요한 사실들은 논리적이지 않다. 만일 논리적이라면 우리는 인생을 계산하여 알아낼 수 있을 것이고 이성적, 논리적 선상에서 미래를 확신하며 미리 대처할 수 있을 것이다. 논리적인 진리는 단지 상식이 모아놓은 사실들에 대한 설명이다. 사람들은 "이 일들은 이치에 맞지 않아"라고 말한다. 그러나 그 일들이 이치에 맞는다고 해서 과연 얼마나 영적 유익을 보겠는가?

영적인 문제들을 해결하는 데 논리적인 과정들은 중요하지 않다. 영적인 세계에서 호기심, 논쟁, 이치 등은 아무런 역할을 하지 못하고 영적 분별에도 도움이 되지 않는다. 영적으로 분별할 수 있으려면 오직 한 가지 방법이 있는데, 바로 순종이다. 우리는 10년의 연구보다 단 5분의 순종을 통해 더 많이 배운다. 논리와 이성은 실체를 설명하는 방법이다. 그러나 지성에 의해 실체를 접하게 되지는 않는다. 실체는 오직 우리의 양심에 의해 닿을 수 있다. 그리스도의 기록들을 대할 때, 우리는 지적인 문제들이 아니라 근본적인 실체들을 대하게 된다. 하나님께 대한 믿음이 근본적인 실체에 닿을 수 있는 유일한 길이다. 믿음은 논리와 전혀 상관없고 생명의 속성에 속한다.

우리가 거듭나면 성경은 우리에게 새로운 책이 된다. 우리는 '생명'을 얻기 위해서가 아니라 예수 그리스도에 대해 더 알기 위해 성경을 살핀다. "너희가 성경에서 영생을 얻는 줄 생각하고 성경을 연구하거니와 … 그러나 너희가 영생을 얻기 위하여 내게 오기를 원하지 아니하는도다"요 5:39-40. 그리스도인이 성경에 대해 취할 자세는 문자를 숭배하는 것이 되어서는 안 되고 성령께서 내 안에서 말씀들을 영과 생명으로 만드시도록 하는 것이다. 성경은 거듭나지 않은 사람에게는 단지 일반 서적이지만, 거듭난 사람에게는 예수 그리스도를 아는 지식을 공급하는 계시의 세계이다.

그리스도를 깨달음

"너희는 … 그리스도 예수 안에 있고 예수는 하나님으로부터 나와서 우리에게 지혜와 의로움과 거룩함과 구원함이 되셨으니"고전 1:30.

잠언 8장에서 우리는 성육신하기 전의 지혜를 대할 수 있다. 요한복음은 그 지혜를 로고스 또는 말씀으로 언급한다. 말씀은 역사 속에서 예수 그리스도로 불리셨다. 하나님의 모든 지혜가 피와 육체를 지닌 인자Man 안에서 우리의 삶의 기슭까지 오셨다. 요한은 "우리가 그를 보았고 그를 안다"고 말한다. 우리는 어떻게 예수 그리스도를 깨달을 수 있는가?

주님은 "내게로 오라"고 말씀하신다. 인간의 언어 중 이보다 더 심오한 단어는 없다. 예수 그리스도께 가지 못하게 하는 단 한 가지는 우리의 고집이다. 사람들은 주님께 가는 것만은 끝까지 하지 않으려고 한다. 구원을 얻기 전에 철저히 깨지는 이유는 하나님의 뜻이기 때문이 아니라 사람의 고집 때문이다. 사람들이 겪는 고통과 괴로움 중에는 그들이 주님께 가지 않기 때문에 겪는 불필요한 것들도 많다. 예수 그리스도를 깨닫기 원한다면 주께서 "내게로 오라"고 말씀하신 대로 따라야 한다. 우리가 주께 가면, 하나님은 주님을 우리의 "지혜와 의로움과 거룩함과 구원함"고전 1:30이 되도록 하신다. 만일 예수 그리스도가 우리에게 계시되지 않는다면, 그 이유는 우리가 자신의 관점을 고집하고 자신의 관점에 모든 것을 끼워맞추기 때문이다.

그리스도를 깨달으려면 주님께로 가야 한다. 즉, 우리는 자신이 아닌 주님을 신뢰하는 법을 배워야 하고 이를 위해 온 마음을 다해 자신을 비워야 한다. 우리는 주님 대신에 자신의 헌신 자체에 헌신하려는 경향이 있기 때문에 종종 헌신과 경건이 예수 그리스도의 가장 큰 원수가 되곤 한다.

하나님께 내어맡긴다는 뜻은 그분께 자신을 맡겼다는 '사건'에 충성하는 것을 의미하지 않는다. 그것은 '주님께 가는 것'이 전혀 아니다. 그분께 간다는 뜻은 완전히 내려놓은 상태에서 가는 것이다. 그리고 주님께 자신의 권리를 양도하고 주의 손에 자신을 내어맡기는 것이다. 주 예수 그리스도만이 모든 것을 양도 받을 자격을 갖추신 분이다. 우리는 자신을 양도해야 할 대상이 주님인지 완벽하게 확신해야 한다. 이때 다른 사람들이 "당신은 너무 고집이 세고 양보심도 없다"고 말할지 모른다. 이때 그들에게 미안해하지 말라. 그러나 만일 당신이 주께로 가지 않기 때문에 주께서 당신에게 "내게로 오라"고 말씀하실 때는 그분께 죄송함을 느끼라. 주께 갈 때 우리는 모든 것을 내려놓고 그분께 온 마음을 다해 전부를 맡겨야 한다.

깨달아야 할 것들

복음적 체험

공관복음이란 신약의 처음 세 복음서를 말한다. 요한의 글들은 요한복음과 서신들, 그리고 요한계시록이 있다. 주님이 회심과 중생과 성결을 단계별로 말씀하지 않으셨듯이, 사도 요한도 마찬가지였다. 체험의 단계에 대한 책을 읽은 후 그러한 단계를 구분하지 않는 복음서를 대할 때 우리는 당황하기 쉽다. 복음서들은 언제나 '덩어리' 형태로 진리를 제시한다. 복음적인 체험의 단계를 알기 원한다면, 주님에 의해 제시된 덩어리 진리를 쉽게 풀어놓은 서신들을 읽어야 한다.

요한복음 3장에서 주님은 회심의 단계에 대해 말씀하지 않는 대신 주께서 무엇을 하러 오셨는지에 대해 위대한 용어로 말씀하신다. 즉, 구속을 인간의 삶의 바탕으로 만드시기 위해 이 땅에 오셨음을 말씀하신다. 원한다면 우리는 주님이 하신 말씀과 어울리는 다른 것들을 소개할 수 있다. 그러나 주께서 그러한 말씀을 하셨다고 말해서는 안 된다. 주님은 복음적인 체험들을 말씀하시지만 그 체험들을 점검하지는 않으신다. 주님은 니고데모에게 "네가 거듭나야 하겠다"요 3:7라고 말씀하셨다. 이 말씀은 명령이 아니라 근본적인 사실에 대한 진술이다.

'복음적 체험'이란 주 예수 그리스도의 십자가, 곧 주님의 죽으심이 우리가 주의 생명에 이르는 문이라는 사실에 바탕을 둔 체험을 의미한다. 우리는 예수님의 삶에 대해 듣기를 즐거워한다. 주님의 발걸음을 따라 살자는 설교를 들을 때 우리의 마음은 사로잡힌다. 그러나 우리는 스스로 그렇게 살 수 없다는 사실을 발견한다.

"예수 그리스도는 위대한 선생이었다." 그렇다. 주님은 놀라운 선생이었다. 그러나 당신은 주께서 말씀하신 교훈을 어디서부터 수행할 수 있겠는가? 산상수훈은 더없이 아름다운 교훈이다. 그 교훈을 지식으로만 받을 때는 매우 매력적이다. 그러나 고단한 현실 가운데 그 교훈을 매일의 실제 삶에 적용하려고 하면 우리는 시작조차 할 수 없다. 산상수훈에 마음으로는 동의할 수 있어도 현실의 삶은 그렇게 되지 않는다. 따라서 예수님의 교훈은 우리에게 절망을 가져다준다.

만일 주께서 말씀하신 것이 진정이라면 우리는 어떻게 그 교훈을 이룰 수 있을까? 성경은 예수 그리스도가 이 땅에 오신 주목적이 가르치기 위함이 아니라 주께서 가르치신 대로 우리가 '되어가도록' 우리를 구속하는 것이라고 말한다. 그렇다면 예수님의 교훈은 하나님의 능력이 사람을 통해 역사할 때 그 사람을 어떻게 만들지에 대한 서술이다. 구속은 예수 그리스도께서 주님 자신의 성향을 우리에게 주실 수 있다는 의미이다. 주께서 주신 모든 기준들은 바로 그 성향을 바탕으로 한 것이다. 즉, 주님의 가르침은 주께서 우리 안에 넣으신 생명을 위해 주신 것이다. 우리는 구원에 이르는 유일한 문인 주님의 죽음을 수단으로 예수님의 생명에 들어간다. 그러나 사람들은 그 생명에 들어가기 위해 예수님의 교훈을 지키려고 애쓰거나 자신이 원하는 '베들레헴' 같은 다른 길로 들어가려고 노력한다. 그러한 길들은 예수님의 생명에 들어가지 못하고, 오히려 위선자들과 허풍선이들을 만들어낸다.

만일 교사나 목사 자신이 복음적 체험을 하지 못했다면, 그의 가르침과 설교는 단지 지적 상식으로 전락할 것이다. 그의 설교는 예수님의 교훈이 젖어 있어서 아름답게 들릴지는 몰라도 그 안에는 사람을 변화시키는 아무런 능력이 없다. 우리는 바른 것을 행하려는 흉내만으로 예수님의 생명에 이를 수 없다. 그 이유는 우리 안에 바르게 행할 수 없도록 하는 뭔가가 있기 때문이다. 우리는 오직 주님과의 죽음에 일치됨으로써 주님의 생명에 들어갈 수 있다.

예수 그리스도의 십자가는 순교자의 십자가가 아니라 하나님께서 우주를 향해 여신 문이다. 누구든지 그 문을 통해 생명으로 들어갈 수 있다. 십자가는 하나 밖에 없는 구속의 실체가 역사 속에서 나타난 것이다. 만일 예수님께 나아가면 성령께서 우리 안에 들어오심으로써 실체가 우리 안에서 역사하게 되고, 우리는 새로운 왕국 안으로 인도되었음을 발견하게 된다. 이제 우리는 과거와 완전히 다른 존재가 되었고 이전에 할 수 없던 것을 할 수 있게 되었다. 주의 십자가를 수단으로 받은 예수 그리스도의 성향을 우리의 몸된 삶을 통해 보여줄 수 있게 되었다. 즉, 주께서 사셨던 삶과 똑같은 삶을 살 수 있게 된 것이다.

검증된 체험

공관복음과 요한의 글들은 복음적 체험에 대해 위대하고 멋진 계시의 형태로 언급하지만 체험으로 검증된 단계로는 언급하지 않는다. 체험을 검증하고 진술함으로써 그 단계들을 알아보고 이해하기를 원한다면, 우리는 서신서들을 읽어야 한다. 서신서들은 주께서 승천하신 이후의 글들이다. 주께서는 성령을 보내셨고 '펜'으로 사용된 사람들은 사도들이었으며 성령은 그들을 통해 설명하셨다. 주님의 교훈과 서신서에서 주어진 설명은 서로 긴밀하게 엮여 있다. 서신서는 우리가 체험의 단계를 발견하도록 돕는 안내서로써, 그곳에서 우리는 회심, 중생, 성결에 대한 모든 것을 발견한다. 즉, 조심스럽게 진술된 모든 단계들을 발견할 것이다. 그러나 우리는 그 단계들을 검증하는 수고를 해야 한다. 다음 구절은 가장 축소된 형태로 검증된 체험을 말해준다.

"그 눈을 뜨게 하여 어둠에서 빛으로, 사탄의 권세에서 하나님께로 돌아오게 하고 죄사함과 나를 믿어 거룩하게 된 무리 가운데서 기업을 얻게 하리라 하더이다" 행 26:18.

우리는 종종 성령의 인도함 없이 예수 그리스도의 말씀을 간파해 보려고 애쓴다. 그러나 하나님의 말씀 전문가가 될 수 있는 사람은 진리의 말씀을 바르게 검증하는 하나님의 일꾼이다. 만일 누군가가 거짓 교훈에 미혹되면 전문가는 무엇이 잘못인지 보여줄 수 있다.

실행되는 체험

만일 중생을 체험했다면 우리는 그 체험에 대해 말해야 할 뿐 아니라 하나님께서 우리 안에 이루어 놓으신 일을 행해야 한다 빌 2:12-13. 우리는 우리의 손가락과 혀를 통해, 다른 사람들과의 만남 가운데서 그 체험을 나타낼 수 있어야 한다. 하나님께 순종할 때 우리는 내면에 강력한 능력이 있음을 발견한다. 하나님의 은혜를 기반으로 습관을 형성하는 것은 매우 중요한 문제이다. 이를 무시하는 것은 바리새인의 덫에 빠지는 것과 같다. 즉, 하나님과 예수님과 구속을 입으로는 칭송하지만 매일의 현실의 삶에서는 아무것도 나타나지 않는 모습이다. 우리가 실행을 거부하면 위기가 올 때 우리의 속성이 무너지게 된다. 위기가 오면 우리는 하나님께 도움을 청한다. 그러나 우리의 속성이 협조하지 않기 때문에 하나님께서는 우리를 도우실 수 없다. 실행은 하나님의 몫이 아니라 우리 몫이다.

하나님은 우리를 중생시키시고 우리에게 하나님의 모든 신적 자원들을 사용할 수 있도록 허락하신다. 그러나 하나님께서 우리를 기계적으로 하나님의 뜻에 따라 행하도록 하시는 것은 아니다. 만일 우리가 성령께 순종함으로써 하나님께서 성령을 통해 마음속에 넣으신 모든 것을 우리의 몸된 삶을 통해 실행한다면, 위기가 올 때 우리는 하나님의 은혜가 우리와 함께할 뿐만 아니라 자신의 속성도 우리를 돕는 것을 발견하게 될 것이다. 그러면 위기는 아무런 불행을 만들지 못한 채 지나가고 정반대의 일이 발생하게 된다. 즉, 영혼이 하나님을 향해 더욱 담대한 자세로 서게 된다.

: Chapter 3 :

주님의 탄생과 우리의 중생

역사 속에 나신 주님의 탄생 눅 1:35	지극히 높고 거룩하시며 낮으신 분
내 안에 나신 주님의 탄생 갈 4:19	지극히 낮고 거룩하시며 높으신 분 • 내가 예수님께 가는 것은 그들의 말 때문인가, 아니면 내가 보았기 때문인가? 요 1:12-13 • 나는 하나님 나라의 징후를 구하는가, 아니면 하나님의 통치를 보는가? 요 3:3 • 죄를 멈추기를 구하는가, 아니면 죄를 멈추었는가? 요일 3:9

    기독교 심리학의 바탕은 아담 안에 있지 않고 예수 그리스도 안에 있다. 우리가 그리스도인의 영혼의 특징을 연구하려면 아담이나 자신의 체험이 아니라, 근본 되시는 예수 그리스도를 바라보아야 한다. 기독교 심리학은 구속에 의해 인간의 삶 속에서 자연스럽게 된

초자연적인 생명을 연구하는 것이다. 우리는 자신을 알게 됨으로써 예수 그리스도를 아는 것이 아니다. 그렇게 생각한다면 이는 현 시대의 착각이다.

"아버지 외에는 아들을 아는 자가 없고 아들과 또 아들의 소원대로 계시를 받는 자 외에는 아버지를 아는 자가 없느니라" 마 11:27.

만일 하나님 아버지와 아들을 알고자 하면 우리에게는 그분들의 속성이 있어야 한다. 그러나 우리는 그 속성 없이 태어난다. 새 출생은 우리가 지식이 아니라 하나님과의 살아 있는 관계에 의해 하나님을 안다는 뜻이다.

"영접하는 자 곧 그 이름을 믿는 자들에게는 하나님의 자녀가 되는 권세를 주셨으니 이는 혈통으로나 육정으로나 사람의 뜻으로 나지 아니하고 오직 하나님께로부터 난 자들이니라" 요 1:12-13.

새로 태어난 생명은 자연적 생명의 특성이 아니라 주님의 생명의 초자연적인 특성을 가진다. 우리는 초자연적인 생명의 특성이 육체의 삶 가운데 나타나도록 해야 한다. 예수 그리스도는 우리 안에 하나님의 표준 생명을 두셨다. 우리는 선한 사람들이 무엇을 체험했는지 물을 필요가 없다. 주 예수 그리스도께 직접 나아가, 하나님의 표준적인 사람의 품성이 무엇인지를 보여주신 주님을 연구하면 된다.

역사 속에 나신 주님의 탄생

"천사가 대답하여 이르되 성령이 네게 임하시고 지극히 높으신 이의 능력이 너를 덮으시리니 이러므로 나실 바 거룩한 이는 하나님의 아들이라 일컬어지리라" 눅 1:35.

예수 그리스도는 '이 세상으로부터' 태어나지 않고 '이 세상 속으로' 태어나셨다. 역사로부터 나타나지 않으신 주님은 외부로부터 역사 속으로 들어오셨다. 주님의 탄생은 강림이었다. 주님은 '인류로부터' 오신 분이 아니라, '위로부터 인류 안으로' 들어오신 분이다. 예수 그리스도는 최고의 인간이 아니다. 인류로는 전혀 설명될 수 없는 주님은 사람이 하나님 되신 분이 아니라, 하나님께서 외부로부터 인간의 육체로 오신(성육신하신) 분이다. 지극히 높고 거룩하신 주의 생명이 가장 낮은 문으로 들어오셨다. 주님은 동정녀 마리아에 의해 역사 속으로 임하셨다.

내 안에 나신 주님의 탄생

"나의 자녀들아 너희 속에 그리스도의 형상을 이루기까지 다시 너희를 위하여 해산하는 수고를 하노니" 갈 4:19.

외부에서 인간의 역사 속으로 들어오신 것처럼, 주님은 외부에서 우리 안으로 들어오신다. 당신은 인격적 삶이 하나님의 아들을 위한 '베들레헴'이 되도록 허락하는가? 현대의 동향은 위로부터의 출생이 아니라 아래로부터의 출생을 말한다. 즉, 위로부터 우리에게 오는 어떤 것이 아니라, 우리 안의 무의식적인 세계에서 의식의 세계로 올라오는 뭔가를 말한다. 이러한 가르침은 오늘날 사람들의 생각에 깊게 침투되어 있고 심지어 그리스도의 이름을 부르는 많은 사람들, 나아가 주의 복음을 외치는 사람들까지 '아래로부터의 출생'이라는 관점을 외치고 있다. 이는 스스로 믿음의 바탕을 허물고 있는 모습이다.

자연적인 출생과는 전혀 다른 위로부터의 출생으로 거듭나지 않는 한, 우리는 하나님 나라의 영역에 들어갈 수 없다요 3:5. 사람들 중에는 인간의 속성은 선하기 때문에(감사하게도 인간의 속성 안에는 많은 선한 것들이 있다.) 하나님의 영이 모든 사람들의 본성 안에 있다고 믿는 사람들이 있다. 그들은 하나님의 영이 우리 안에서 마음대로 하시도록 두면 그 영은 우리 안에서 그리스도가 될 것이라고 말한다. 당신이 이 관점을 취하는 것은 자유이다. 그러나 결코 이를 성경의 관점이라고 말하지 말라. 이는 분명히 주님의 관점이 아니다.

예수님께서는 니고데모에게 말씀하셨다. "내가 네게 거듭나야 하겠다 하는 말을 놀랍게 여기지 말라"요 3:7. 이 말씀은 외부로부터 당신 안에 뭔가가 들어와야 한다는 뜻이다. 오늘날 사람들은 새 출생의 의미를 단지 무의식의 세계를 일깨우는 것으로 받아들임으로써 구원의 필요를 경시하고 예수 그리스도를 폐위시키고 있다. 성경이 말하는 새 출생의 개념은 우리 안으로 들어오는 것이지, 우리 안에서부터 솟아오르는 것이 아니다.

우리는 주께서 제시하신 대로 새 출생을 다룬다. 영광을 얻으신 예수님에 의해 보내심을 받은 성령은 새 출생 체험의 다양한 단계들을 설명하는 분이시다. 주님은 결코 체험의 단계들을 설명하신 적이 없다. 다만 사람들이 주님께서 니고데모에게 하신 말씀을 여러 단계로 나누었는데, 그 이유는 서신서를 통해 그러한 깨달음을 얻었기 때문이다.

지금 나는 체험의 단계들을 다루는 것이 아니라 새 출생 곧 내 안에 그리스도가 형성된 사실을 다룬다. 이는 복음적으로 알려진 '구원의 여정'에 해당하는 내용이 아니라 감리교 교리인 '완전 성결'에 해당하는 것으로써, 단지 기독교 삶의 목적을 향한 시작일 뿐이다. 만일 새 생명이 어떻게 활동하는지 이해하기 원한다면 서신서들을 보라.

바울은 새로 태어난 생명의 활동에 대해 "너희 속에 그리스도의 형상을 이루기까지 다시 너희를 위하여 해산하는 수고를 하노니"갈 4:19라고 말하였다. 해산의 수고를 겪는 사람은 이미 위로부터 거듭난 사람이다. 우리 중 과연 성령에 의해 실제로 거듭난 사람들을 위해 그들 안에 그리스도가 형성될 때까지 해산의 수고를 해야 하는 것을 아는 사람은 얼마나 될까? 우리는 복음을 받아들여 구원 받은 영혼의 숫자로 즐거워하는 경향이 있다. 그러나 그들은 결국 어떻게 되는가? 그들은 하나님 나라로 인도되지만 그들 안에는 그리스도가 형성되는 증거가 나타나지 않는다. 예수 그리스도는 '모든 민족을 제자 삼으라'는 사명과 함께 제자들을 파송하셨다. 영혼의 중생은 하나님의 일이다. 그러나 구원 받은 사람으로서 할 일은 구속의 바탕 위에서 주의 명령에 따라 수고하는 것이다. '해산하는 수고'갈 4:19는 그 일이 무엇인지 알려준다.

> "그러므로 추수하는 주인에게 청하여 추수할 일꾼들을 보내 주소서 하라"마 9:38.

일꾼이 해야 할 수고는 기도이다. 우리는 주님을 향한 단순한 믿음 가운데 주님의 구속의 바탕 위에서 수고한다.

예수님께 가는 이유는 그들의 말 때문인가, 아니면 내가 보았기 때문인가?

> "영접하는 자 곧 그 이름을 믿는 자들에게는 하나님의 자녀가 되는 권세를 주셨으니 이는 혈통으로나 육정으로나 사람의 뜻으로 나지 아니하고 오직 하나님께로부터 난 자들이니라"요 1:12–13.

새 출생 이후의 삶은 매우 단순한 특성을 지닌다. 어떤 사람이 위로부터 거듭났는지를 알기 원한다면, 주님이 주신 계시로 확인해야 한다. 새 출생의 가장 큰 특징은 주님께 나아가게 되는 것이다. 그런데 주께 나아가는 이유는 주님에 대하여 들었기 때문이 아니라 그분이 지금 우리에게 어떤 분이신지 보기 때문이다. 주님은 제자들을 파송하실 때 그들을 위해 해놓으신 일들에 근거해 파송하지 않으셨다. 그들이 부활하신 주님을 보고 주님이 누구신지를 알았을 때 비로소 그들을 파송하셨다.

"너는 내 형제들에게 가서 이르라" 요 20:17.

막달라 마리아는 주의 첫 번째 사도였다. 주께서는 그녀에게서 일곱 귀신을 내어쫓아 주셨다. 그러나 그 사건이 마리아가 파송되는 근거가 된 것은 아니었다. 부활하신 주님을 본 그녀는 주님이 누구신지를 깨닫게 되면서 주님과 새로운 변화의 관계를 갖게 된다. 그 후에야 주께서는 "가라"고 말씀하셨다. 그리스도가 우리 안에 형성될 때 우리에게 나타나는 가장 큰 특징은, 우리가 친히 주를 알고 인식하는 점이다. 이제 우리는 주님에 대해 말해줄 다른 사람들이 필요하지 않다. 주님은 이제 우리의 주요 주인이시다.

새 출생의 또 다른 특징은 예수 그리스도를 최고로 여긴다는 점이다. 우리는 위기를 맞을 때 어디로 가는가? 위로부터 거듭난 사람이라면, 그는 자신에게 주요 주인이신 주님께 곧바로 나아갈 것이다. 대부분의 그리스도인들이 예수 그리스도의 주되심에 대해 아는 바가 거의 없는 이유는, 성령의 살리시는 역사만 알고 그리스도가 그들 안에 형성되는 체험을 하지 못하기 때문이다. 우리는 지옥으로부터 구원 받는 복음적 교리를 자세히 듣고 알지만 정작 다음 구절에 대해서는 거의 알지 못한다.

> "그러나 내 어머니의 태로부터 나를 택정하시고 그의 은혜로 나를 부르신 이가 그의 아들을 이방에 전하기 위하여 그를 내 속에 나타내시기를 기뻐하셨을 때에 내가 곧 혈육과 의논하지 아니하고"갈 1:15-16.

사도행전 1장 8절에서 주님은 놀라운 말씀을 하셨다. "너희가 … 내 증인이 되리라." 그리스도께서 우리 안에 형성되시면 주께서 우리를 어디에 두시든 우리는 주와 선생 되시는 예수 그리스도께 흡족함을 드리는 삶을 산다. 우리는 정확하게 주께서 이끄신 상황 가운데 처하게 된다. 주님께 '이상한 일'이란 있을 수 없다. 먼 나라로 선교의 소명을 느끼는 이유는, 우리가 예수 그리스도와 일치될 때 하나님께서 그분의 속성을 우리 안에 들여놓으시기 때문이다. 하나님의 속성은 "하나님이 세상을 이처럼 사랑하사 독생자를 주셨으니 이는 그를 믿는 자마다 멸망하지 않고 영생을 얻게 하려 하심이라"요 3:16는 구절에서 쉽게 찾아볼 수 있다. 우리는 하나님의 속성이 예수 그리스도 안에서 나타나기 때문에 그 속성이 어떠한지를 안다. 그리스도가 우리 안에 형성되는 즉시, 주의 속성은 우리의 마음을 통해 나타나기 시작하고 우리의 가치관은 바뀌기 시작한다.

하나님 나라의 징후를 구하는가, 아니면 하나님의 통치를 보는가?
"예수께서 대답하여 이르시되 진실로 진실로 네게 이르노니 사람이 거듭나지 아니하면 하나님의 나라를 볼 수 없느니라"요 3:3.

새 출생의 또 다른 증거는 하나님의 통치를 보는 것이다. 우리는 더 이상 우연이나 숙명을 믿지 않는다. 새 출생의 체험으로써 어디서나 하나님의 통치를 볼 수 있다.

"우리가 전한 것을 누가 믿었느냐 여호와의 팔이 누구에게 나타났느냐"사 53:1.

이 구절은 문자 그대로 "누가 하나님의 팔을 분별할 수 있는 능력이 있는가"라는 의미이다. 우리 중 누가 일상생활 가운데 발생하는 평범한 일들 속에서 그 배후에 있는 하나님의 팔을 인식할 수 있을까? 성도는 자신의 일상적인 삶의 모든 상황 가운데서 하나님의 손과 통치를 인식하는 자이다. 예수님께서는 사람이 위로부터 거듭나지 않으면 그렇게 할 수 없다고 말씀하신다. 처음에 우리는 친구 관계나 결혼의 위기 또는 죽음 등의 예사롭지 않은 일들 속에서만 하나님의 통치를 분별한다. 그러나 이러한 분별은 기초 단계이다. 계속 나아가다 보면 우리는 평범한 삶 속에서 발생하는 모든 우연한 상황 가운데서도 하나님의 통치를 보는 것을 배우게 된다. 그리고 결국 이렇게 고백한다.

"나는 하늘 아버지께서 절대로 잊지 않으실 것이라고 생각한다. 그렇다면 왜 염려하겠는가?"

초조하며 염려를 느끼는가? 그렇다면 위로부터 거듭났다고 말하지 말라. 예수님이 하신 말씀이 참이라면 어떻게 우리가 염려할 수 있겠는가? 염려의 이유는 둘 중 하나이다. 개인적인 죄 때문이거나 아니면 새 출생을 하지 않은 것이다. 아무리 우연하게 보이는 상황이라도 성도에게 우연이란 없다. 우연도 하나님의 정하심이다. 새 출생의 체험은 모든 상황 가운데 하나님의 손길을 분별할 수 있음을 의미한다.

산상수훈은 예수 그리스도와의 일치함 없이는 지킬 수 없는 실천 원칙들로써, 성령께서 우리를 주장하실 때 우리가 살게 될 삶을 제시한 것이다. 성령은 하나님께서 주장하시는 우리의 상황에 예수님의 원칙들을 적용하신다. 우리는 새 생명이 활동할 수 있도록 보살펴야 한다. 톨스토이는 새 출생의 필요를 무시한 채 주님의 원칙을 현실의 상황에 적용해 보려는 실수를 했다. 예수 그리스도는 산상수훈의 말씀을 원칙으로 주시며 "이제 이대로 살아라"라고 말씀하신 것이 아니다. 산상수훈은 새 생명의 활동이 어떻게 나타나는지에 대한 주님의 관점을 서술한 것이다.

하나님의 섭리 가운데 어떤 상황이 주어지면, 성령은 우리 안에서 주의 말씀을 기억나게 하신다. 당신은 그 특별한 상황에서 주님의 말씀에 순종하겠는가? 성령께서 예수 그리스도의 말씀을 기억나게 하실 때 절대로 따지지 말라. 광신자는 새 출생을 통한 하나님과의 인격적 관계의 필요를 무시한 채 예수님의 말씀대로 살아보려는 자이다. 참된 성도는 원칙에 따라 사는 자들이 아니라 예수 그리스도를 드러내는 새 생명에 따라 살아가는 자들이다.

죄를 멈추기를 구하는가, 아니면 죄를 멈추었는가?

"하나님께로부터 난 자마다 죄를 짓지 아니하나니 이는 하나님의 씨가 그의 속에 거함이요 그도 범죄하지 못하는 것은 하나님께로부터 났음이라"요일 3:9.

당신은 죄를 멈추기를 구하는가, 아니면 죄를 멈추었는가? 우리는 하나님께서 실천하라고 주신 것을 이론으로 만드는 경향이 있다. 신학을 배운 사람들과 여러 학자들이 죄의 문제를 따지며 논쟁거리가 될 만한 교리 문제로 만든다. 그러나 성경 안에는 "그리스도인이 죄를 지어야 하는가"라는 질문이 전혀 없다. 다만 성경은 "그리스도인은 죄를 지어서는 안 된다"라고 강조한다.

실천적이며 경험적인 교리가 하나님의 선택과 관련된 철학적 교리가 될 때 혼동이 생긴다. 죄로부터의 구원은 하나님의 선택에 관한 교리 문제가 아니라 인간의 삶 가운데서 하나님이 명하시는 체험의 문제이다. 우리 안에 있는 새 생명이 효과적으로 활동하면, 우리는 죄를 범하지 않게 된다. 즉, 죄를 짓지 않는 능력이 우리에게 있을 뿐 아니라 실제로 죄를 멈추게 만드는 훨씬 더 실제적인 효력이 나타난다.

새 출생의 체험, 곧 완전 성결로 우리는 죄를 그칠 수 있다. 새로운 영역으로 태어나면 하나님의 생명이 우리 안에서 태어난다. 우리 안에 있는 하나님의 생명은 죄를 지을 수 없다요일 3:9. 이 말은 우리가 죄를 '지을 수 없다'는 불가능의 뜻이 아니라, 우리 안에 있는 하나님의 생명에 순종할 때 죄를 '지을 필요가 없다'는 뜻이다. 하나님은 결코 우리에게서 불순종할 능력을 제거하지 않으신다. 만일 그것을 제거하신다면 우리의 순종은 가치가 없게 될 것이다. 불순종의 능력이 제거된다면 더 이상 우리에게는 도덕적 책임도 없을 것이기 때문이다. 하나님께서는 중생한 우리 안에 죄를 짓지 않을 수 있는 능력을 넣어주신다. 새 출생 이후의 인간적 속성은 새 출생 전과 동일하지만 근원이 달라졌다. 이전에는 어쩔 수 없이 죄를 지었다면, 새 출생 이후에는 죄를 지을 필요가 없게 된 것이다.

죄와 죄악은 다르다. 죄는 성향으로서 결코 용서될 수 없다. 죄의 성향은 정화되어야 한다. 한편, 죄악은 우리가 책임져야 할 행위들이다. 죄는 우리가 태어날 때부터 가지고 있는 것이며 건드릴 수 없다. 하나님은 구속 안에서 죄를 다루신다. 만일 거룩해지려고 노력한다면 이는 우리가 거룩하지 않다는 가장 분명한 증거이다. 그리스도인은 태어나는 것이지 노력으로 되는 것이 아니다. 모방, 기도, 맹세 등을 통해 그리스도인이 될 수 없다. 그리스도인은 오직 새 출생에 의해 만들어진다요 3:7.

"내가 나 된 것은 하나님의 은혜로 된 것이니"고전 15:10.

새 출생의 특징은 온 마음을 다해 성령을 통해 하나님께서 계시하신 모든 것에 순종하는 것이다. 자신을 하나님께 완전히 양도할 때 그리스도가 우리 안에 형성되신다. 주께서 우리 안에 형성되신 후, 주의 생명은 우리의 유한한 육체 안에서 역사한다. 그러면 우리는 우리 안에 있는 주의 놀라운 초자연적인 생명에 의해, 친히 주를 뵙고 하나님의 통치를 보며 죄를 멈추게 된다. 이것이 새 생명의 전반적인 활동 모습이다.

: Chapter 4 :

주님의 기록되지 않은 기간과 우리의 숨겨진 생명

기록되지 않은 기간	• 주님의 신체적 발달 • 주님의 정신적 발달 눅 2:40 • 주님의 인격적 발달 • 우리의 무의식 형태 • 우리의 잠재 의식 골 3:3 • 우리의 의식적 자아
공개된 기간 눅 2:40-52	• 주님의 환경과 우리의 환경 마 2:13-14, 19-21 • 주님과 친밀한 사람들과 우리가 친밀한 사람들 마 13:55-56 ; 막 3:21 ; 눅 2:51 ; 요 7:5 • 주님의 생각과 우리의 생각 눅 2:49 ; 골 3:1-3
주님의 영원한 청춘 요 8:58 ; 마 18:3-5	

새 출생은 갓난아기가 세상에 태어나는 출생이 아니라 주님의 초자연적인 강림에 의해 설명된다. 외부로부터 역사 속으로 들어오

신 것같이, 주님은 외부로부터 인간의 속성으로 들어오신다. 우리의 새 출생은 하나님의 아들이 인간의 속성 안으로 태어나는 것이다. 인간적 속성은 내재하시는 하나님의 아들의 생명에 의해 승화되어야 한다.

주의 어머니 마리아는 자연적 생명의 유형이다. 우리의 자연적 생명은 중대한 순간들마다 하나님의 아들의 목표와 목적을 오해한다. 주님께서 이 땅에 계실 때 이러한 일이 발생했다. 우리의 인격적 체험에서도 이와 같은 일이 나타난다. 위로부터 거듭나면 사실 거듭나기 전보다 훨씬 평범한 사람이 되는데, 그럼에도 스스로는 더 이상 평범한 사람이 아니라고 생각한다. 그러나 그렇지 않다. 우리의 인간적 속성은 항상 같다. 기록되지 않은 주님의 삶의 기간에 주님은 가장 평범한 인생을 사셨다. 그 기간 동안 그분에 대해 아무것도 기록되지 않은 이유는 실제로 기록할 것이 없기 때문이다. 우리가 위로부터 거듭나면 우리 안에 거하는 하나님의 생명도 생명의 깊은 무의식 영역에 있으면서 아무것도 기록될 것이 없는 기간을 보낼 때가 있다.

새 출생은 자연의 법칙 아래서 활동하지 않는다. 위로부터 거듭나야 할 필요가 있다는 사실은, 거듭나지 않은 상태가 커다란 비극의 상태임을 암시한다. 죄 때문에 인간에게는 새 출생이 반드시 필요하게 되었다. 죄는 하나님의 원래 계획에 없었다. 새 출생은 한 사람의 영원한 구원뿐 아니라 지금 이 세상의 하나님의 질서 속에서 하나님께 가치 있는 존재가 되었음을 의미한다.

기록되지 않은 기간

"아기가 자라며 강하여지고 지혜가 충만하며 하나님의 은혜가 그의 위에 있더라" 눅 2:40.

어린 시절을 지나 청소년이 되면 정신적으로 큰 변화가 나타난다. 문학이나 종교에 관심을 갖기도 한다. 그러나 이러한 변화가 곧 영적인 거듭남은 아니고 성령의 역사와도 무관하다. 이러한 변화는 자연 생명의 일반적인 성장 과정이다. 이 과정 속에서 하나님께 위대한 헌신을 할 수 있고 기독교 봉사에 관여할 수도 있다. 사람들은 종종 이러한 모습들을 보며 성령의 역사로 오해한다. 그러나 사실은 자연 생명의 성장 과정의 일부일 뿐이다.

자연 생명의 변화는 언제나 신체적 성장과 정신적, 도덕적 성장과 함께한다. 청소년들은 어른들보다 더 세상을 순수하고 분명하게 본다. 청소년 시절처럼 모든 것이 신나고 분명하게 보이는 때가 없다. 일반적으로 30세를 성숙의 나이라고 말한다. 사람이 보통 30세 전후가 되면 신체적, 인격적으로 가장 성숙한 때가 된다. 일반적으로 이 나이까지 사람은 소망과 비전, 불확실과 기대 속에 살아간다. 그러나 이 나이가 지나면 더 이상 새로운 약속이나 비전을 갖지 않고 전에 가졌던 비전에 맞게 살아갈 뿐이다. 이처럼 평범한 자연 생명에게는 성숙의 단계가 있다. 만일 이 단계에 이르지 못하면 뭔가 문제가 있는 것이다. 이것이 물리적인 영역에서 사람에게 나타나는 현상이다.

반면 영적인 영역에서 시간의 흐름은 별로 중요하지 않다. 위로부터 거듭날 때 하나님의 아들이 우리 안에 형성된다. 우리 안에 있는 주님의 생명은 시간이 흐른다고 해서 저절로 성숙하는 것이 아니라 오직 순종을 통해 성숙한다.

천사가 마리아에게 말하였다.

> "성령이 네게 임하시고 지극히 높으신 이의 능력이 너를 덮으시리니 이러므로 나실바 거룩한 이는 하나님의 아들이라 일컬어지리라"눅 1:35.

이 구절은 성령께서 우리를 덮으실 때 발생하게 될 일을 상징한다. 자연 생명은 하나님의 아들이 태어나 성장하는 곳이 되어야 한다. 우리는 주님을 어떻게 대하였는가? 주께서 내 안에서 성장하시도록 하였는가? 우리 안에 계신 주님께 영양분을 공급하며 보살폈는가, 아니면 우리 안에 주의 생명을 그냥 묻어버린 것은 아닌가? 하나님이 나를 찾아오신다면 살아 계신 하나님의 아들 대신에 죽은 생명을 보시게 되는 것은 아닌가? 우리는 우리 안에 계신 하나님의 아들의 생명에게 영양분을 공급해야 한다. 그 방법은 하나님의 아들의 생명에게 순종하는 것이고, 이는 우리의 자연 생명이 주의 생명에 합당하게 순복함으로써 영적인 생명으로 승화하는 것을 의미한다.

새 생명과 관련하여 종종 간과되는 부분은, 새 생명의 성장이 의식되지 않는다는 사실이다. 예수님은 우리 속의 새 생명을 염두에 두고 "들의 백합화가 어떻게 자라는가 생각하여 보라"마 6:28고 말씀하셨다. 이 말씀을 자연 생명에만 적용한다면 주님을 어리석게 보이는 일이 된다. 하나님으로부터 거듭나 주께 순종하면, 우리가 있는 바로 그 자리에서 무의식적인 생명이 우리 안에 형성된다. 하나님께서는 백합을 자라나게 하기 위해 어느 곳에 심으셔야 하는지 정확하게 아신다. 그러면 백합은 자라면서 무의식적으로 백합의 형태를 띤다.

자연의 아름다움을 파괴하는 것은 무엇인가? 과다 경작이다. 영적인 세계의 아름다움을 무너뜨리는 것도 지나친 교단적 가르침이다. 새 생명과 관련해 저지르는 위험은 하나님이 하실 일을 우리가 가로채는 것이다. "나의 이름으로 제자를 삼으라"마 28:19는 예수님의 이 말씀은 예수님의 속성을 따르는 제자를 만들라는 뜻이다. 새 생명은 예수님 안에 있다. 새 생명은 들의 백합처럼 자라난다는 사실을 기억하라. 새 생명이 자라날 수 있는 환경은 정확하게 우리의 자연 생명이 처한 상황이다. 주어지는 상황은 우리가 손댈 수 있는 것이 아니다. 우리는 주어진 상황에 대해 불평할 것이 아니라 그 상황을 하나님의 섭리로 받아들여야 한다.

자연인으로서 우리는 하나님의 섭리를 못마땅하게 여기는 경향이 있다. 우리는 하나님으로 인해 맺어진 가족 관계보다 자신이 선택하는 친구들을 더 좋아한다. 친구들의 경우 자신의 과거를 알지 못하기 때문에 그들 앞에서 우리는 고상한 척할 수 있다. 그러나 가족들 앞에서는 그럴 수 없다. 그들은 우리의 못난 행동들을 다 보았으며 우리의 여러 연약함도 잘 알고 있다. 따라서 가족들과 함께하면서 그들 앞에서 위선을 떨 수 없다. 우리의 위선이 가족들에게는 통하지 않는다.

새 생명은 계속 자라나 우리가 의식하지 못하는 가운데 형태를 잡아간다. 새 생명을 돌보시는 하나님은 새 생명이 자라기 위해서는 정확하게 어떠한 영양분이 필요한지, 무엇이 새 생명에게 해로운지 잘 아신다. 새 생명을 묻어버리거나 새 생명이 자라날 수 없는 환경에 거하지 않도록 주의하라. 백합은 꽃이 자라날 수 있는 환경에서만 자랄 수 있다. 하나님께서는 우리 안에 있는 하나님의 아들의 생명이 잘 자라날 수 있도록 우리에게 최상의 환경을 조성해 주신다. 신약 성경에서 끊임없이 언급되는 무의식적인 형성은 바로 새 생명의 성장을 말한다. 하나님께서 이 생명을 성장시키시도록 우리는 하나님께 우리의 시간을 충분히 드려야 한다.

우리는 종종 "전혀 '변화'가 나타나지 않는데 성경을 읽고 연구하는 이유가 뭡니까?"라는 질문을 받는다. 대부분의 사람들은 자신을 드러낼 수 있는 것들을 원한다. 우리는 우리 안에 있는 하나님의 생명에는 관심이 없고 하나님께 복을 받는 데에만 관심이 있다. 무의식 세계에 있는 하나님의 아들의 생명을 성장시키는 일을 추구하지 않고, 단지 "내가 이것저것을 하였다"고 말할 수 있는 '작은 변화들'을 추구한다. 이러한 삶 속에서는 하나님의 아들의 생명이 시들게 된다.

사람의 마음 세계는 의식적인 영역과 무의식적인 영역의 두 층이 있다. 우리가 무엇을 들으면 그중 대부분의 것들은 의식적인 영역에서 무의식적인 영역으로 넘어간다. 이때 우리는 들은 것들을 잊었다고 착각하지만 그렇지 않다. 우리는 아무것도 잊지 않는다. 물론 우리가 원할 때마다 들은 것을 기억해낼 수 있는 것은 아니지만 그것은 다른 차원의 문제이다. 아무튼 우리는 아무것도 잊지 않는다. 분명히 그 기억들은 의식적인 영역에는 없지만 여전히 어딘가에 있다. 따라서 어떤 상황을 겪게 되면 우리가 망각했다고 생각했던 기억이 갑자기 되살아나서 우리를 깜짝 놀라게 한다. 주님께서는 이것이 정확하게 성령께서 하시는 일이라고 말씀하셨다.

> "너희로 그 때를 당하면 내가 너희에게 말한 이것을 기억나게 하려 함이요" 요 16:4.

성령께서는 언제나 우리 마음의 무의식적인 세계를 빚어 가신다. 성령의 가르침을 수학 공부를 하듯 따지지 말고 단순하게 받아들이라. 하나님께서는 성령의 가르침을 토양으로 만드셔서 우리 안에 있는 주의 생명이 잘 자라나게 하실 것이다. 우리가 신경 써야 할 한 가지 일은, 좋은 환경을 유지하는 것이다. 현실적으로 어느 곳에 처하는지는 우리가 정하지 않고 전능하신 하나님이 정하신다. "백합화를 생각하라"마 6:28. 주님은 백합들을 어떻게 다루어야 하는지 잘 아신다. 주의 백합들을 다른 곳으로 옮겨 심으면 그 백합들은 죽게 된다.

우리는 항상 조급하다. 그러나 우리 안에 계신 하나님의 아들의 생명이 가장 많이 성장하는 때는 우리가 별로 중요하게 여기지 않는, 특별히 기록할 만한 것이 없는 기간이다. 때가 되어 하나님께서 예수님의 삶을 공개하신 것처럼, 이제 우리의 삶을 공개하실 날이 다가오고 있다. 그때는 모든 사람들이 우리 속의 새 생명이 지난날의 평범한 기간 가운데 얼마나 자라났는지를 보게 될 것이다.

공개된 기간

> "아기가 자라며 강하여지고 지혜가 충만하며 하나님의 은혜가 그의 위에 있더라 … 예수는 지혜와 키가 자라가며 하나님과 사람에게 더욱 사랑스러워 가시더라"눅 2:40,52.

어린 예수님은 성전에서 자신이 무엇을 하는지를 전혀 이해하지 못하는 어머니를 보고 의아해 했다. 우리로 하여금 예수 그리스도를 이해하지 못하게 하는 것은 우리의 '마리아' 생명 즉, 자연 생명이다.

하나님은 때가 차면 우리의 삶을 공개하신다. 그러면 우리는 우리도 모르는 사이에 얼마나 영적으로 성장하였는지를 깨닫게 된다. 모든 것이 놀랍도록 변해 있다. 예를 들어, 우리는 삶 가운데서 하나님과 함께 어떤 큰 개인적 위기를 지난다. 이때 우리는 온갖 종류의 어려움들을 상상하면서 자신뿐 아니라 주변 사람들에게까지 미칠 영향으로 한없이 고민한다. 그러나 그 상황들을 닥쳐보면 외적인 위기는 더 이상 문제가 되지 않는다. 이는 우리가 의식하지 못하는 차원에서 엄청난 내적 변화가 발생했음을 의미한다. 이제 이후에 다가오는 위기는 우리 안에 얼마나 큰 변화가 있었는지를 드러낼 뿐이다. 그러나 이때 우리는 우리를 이해하고 있다고 여겨졌던 주변 사람들이 전혀 이해하지 못하고 있다는 사실에 놀라게 된다.

위기는 언제나 사람의 성품을 드러낸다. 위기와 관련한 가장 큰 덫은, 위기를 위하여 살고자 하는 마음을 갖는 것이다. 어떤 큰 위기 가운데 하나님께서 우리를 얼마나 멋지게 변화시켰는지를 알게 되면, 우리는 계속 또 다른 위기를 원하게 된다. 그러나 계속적으로 위기 가운데 살려고 하는 것은 위험한 일이다. 대부분의 인생은 위기가 아니라 평범한 삶을 살도록 되어 있다.

사람이 잠깐 동안의 긴장 가운데 사는 것은 비교적 쉽다. 그러나 사람은 긴장 가운데 살도록 부름을 받지 않았고 오히려 지루한 삶을 살도록 부름 받았다. 예를 들어, 지금 긴장이 감도는 이 무서운 전쟁도 때가 되면 끝날 것이고 곧이어 지루한 인생이 뒤따를 것이다_{저가 1차 세계대전 당시 이집트의 자이툰에서 군목으로 사역하던 때를 말한다–역주}. 즉, 만신창이가 된 사람들, 신경쇠약에 걸린 사람들, 망가진 삶으로 고통당하는 사람들을 돌보아야 하는 일들이 남게 될 것이다. 영적인 삶도 마찬가지이다. 우리는 위기 가운데서 하나님을 만나 새로운 빛과 깨달음의 순간들을 지난다. 그러나 아무런 위기가 없는 때가 올 것이고, 오직 평범한 삶만 이어지는 때가 올 것이다.

하나님께서는 때가 되면 우리의 삶을 공개하신다. 그때 주께서 우리 안에 얼마나 놀라운 일들을 이루셨는지를 드러내신다.

주님의 환경과 우리의 환경

"그들이 떠난 후에 주의 사자가 요셉에게 현몽하여 이르되 헤롯이 아기를 찾아 죽이려 하니 일어나 아기와 그의 어머니를 데리고 애굽으로 피하여 내가 네게 이르기까지 거기 있으라 하시니 요셉이 일어나서 밤에 아기와 그의 어머니를 데리고 애굽으로 떠나가 … 헤롯이 죽은 후에 주의 사자가 애굽에서 요셉에게 현몽하여 이르되 일어나 아기와 그의 어머니를 데리고 이스라엘 땅으로 가라 아기의 목숨을 찾던 자들이 죽었느니라 하시니 요셉이 일어나 아기와 그의 어머니를 데리고 이스라엘 땅으로 들어가니라"마 2:13-14, 19-21.

사람은 각각 자기의 인격에 따라 자신의 상황을 만들어간다. 주님께서 이 땅에 사실 때는 폭군 헤롯이 집권하던 때였고, 주님은 그 집권 아래서 고통을 당하셨다. 또한 주님은 많은 사람들에게 미움과 따돌림과 위협을 당하셨다. 주께서 우리 몸 안으로 나실 때에도 동일한 상황이 닥친다. "오, 좀 더 나은 상황이라면…"이라고 말하지 말라. 주님이 처한 상황은 사람들이 바라는 이상과 거리가 멀었고, 어려움과 난관으로 가득 찼었다. 아마 우리의 삶도 마찬가지일 것이다.

우리는 자신의 목표와 뜻을 이루려고 하기보다 우리 안에 계신 하나님의 아들의 생명에 충성하기를 힘써야 한다. 우리에게는 언제나 자신의 뜻과 목표를 우리 안에 계신 하나님의 생명의 뜻과 목표로 만들려는 위험이 있다. 예를 들어, 하나님의 소명이라는 큰 주제를 생각해보자. 하나님의 부르심은 그분의 속성에 따른 부르심이다. 즉, 하나님의 부르심이란 어떤 특정한 순간의 부르심이라기보다 우리가 어디를 가든지 하나님이 섭리하신 상황 속에서 그분의 뜻대로 순종하는 것이다. 문제는 우리가 자신이 생각하는 이상에 하나님의 부르심을 끼워맞추는 것이다.

"하나님께서 그곳에서 나를 부르셨어."

만일 이렇게 생각하고 밀고 나가면, 우리 안에 있는 하나님의 생명은 전혀 성장하지 못한다. 우리는 의도적으로 '하나님께서 내게 원하시는 것은 이것이다'라고 전제한 다음 그 생각에 하나님의 부르심을 끼워맞추는 경향이 있다.

많은 현대 종교가 사람들에게 재앙이 되는 이유는 사람들로 하여금 지나치게 자신에게 관심을 갖도록 만들기 때문이다. 이러한 종교적 영향 때문에 사람들은 자신을 의롭게 보이려는 데 지나치게 관심이 많다. 그러나 예수 그리스도는 절대적으로 하나님께만 관심을 두셨다. 성도란 하나님의 영이 거하시는 소박하고 진실한 사람이다. 성도가 자신의 근원이신 예수 그리스도께 집중하면 어느 곳에 있든지 그도 모르는 사이에 자신에게서 생수의 강이 흐르기 시작한다요 7:37-39. 사람들은 이러한 성도 때문에 더 열악해지든지 아니면 나아지게 된다.

주님께 가까웠던 사람들과 우리에게 가까운 사람들

"이는 그 목수의 아들이 아니냐 그 어머니는 마리아, 그 형제들은 야고보, 요셉, 시몬, 유다라 하지 않느냐 그 누이들은 다 우리와 함께 있지 아니하냐 그런즉 이 사람의 이 모든 것이 어디서 났느냐"
마 13:55-56(막 3:21 ; 눅 2:51 ; 요 7:5 참조).

이 구절에서 제시된 사람들은 주님께서 이 땅에 사실 때 주님과 함께 살았던 가까운 사람들이다. 우리는 "오, 주님께서는 매우 행복하고 유쾌한 가족이 있었네요"라고 말한다. 그러나 그렇지 않다. 주님은 너무나 힘든 가정생활을 하셨다. 예수 그리스도께 가장 가까웠던 형제들과 누이들은 그분을 믿지 않았다. 예수님께서는 제자가 스승보다 높지 못하나 온전하게 된 자는 그 선생과 같다고 말씀하신다 눅 6:40. 예수님은 사람들과 사셨지만 하나님과 온전한 관계를 유지하셨던 분이셨다. 주님께서는 거듭난 주의 백성들이 주께서 사셨던 하나님과의 온전한 관계의 삶을 살기를 원하신다. 주님은 나사렛으로 내려가셔서 가까운 사람들에게 순종하셨다. 이 얼마나 놀라운 겸손인가! 당신이 혹시 다음번에 까다롭고 악한 사람을 보면서 분노가 치밀면, 마귀의 종인 가룟 유다와 3년 동안 함께하셨던 예수 그리스도를 기억하라.

주님께서는 공식적인 첫 설교를 주님이 자라나신 고향에서 하셨다. 고향 사람들은 그분을 너무나 잘 알고 있었기에, 설교를 듣고 분노하더니 그분을 죽이려고 하였다. 우리 주변에는 "내가 구원 받고 거룩해지면 나는 가족들과의 관계가 다 좋아질 줄 알았어요. 하지만 오히려 그들과 더욱 불편해진 것 같아요"라고 말하는 사람들이 있다. 만일 주의 어머니가 예수님을 오해하였고, 주의 형제들이 예수님을 믿지 않았다면, 우리 안에 계신 예수님의 생명에게도 똑같은 일들이 발생할 것이다. 따라서 우리는 다른 사람들이 우리를 오해해도 이상하게 생각해서는 안 된다. 역사 속에서 예수 그리스도께 발생하였던 일들은 그분이 우리 안에 계실 때에도 일어나게 되어 있다. 그분께 발생했던 일들은 우리 안에 계시는 주의 생명에게도 실제로 발생할 것이다.

주님을 오해한 사람들은 주님과 가까운 사람들만이 아니었다. 우리도 주님을 종종 오해한다. 인간의 자연적 속성 안에는 하나님의 아들의 생명을 이해하지 못하는 요소들이 너무나 많다. 따라서 주님의 어머니가 말한 것처럼 우리도 이와 같은 말을 한다.

"이제 주께서 기적을 행하실 차례입니다."

우리 안의 자연적인 속성은 언제나 하나님의 아들이 내 방식대로 일해주기를 원한다. 그러나 예수님은 "여자여 나와 무슨 상관이 있나이까 내 때가 아직 이르지 아니하였나이다"요 2:4라고 말씀하셨다. 이 때 마리아는 예수님의 책망을 받아들였다.

우리 안에 계신 하나님의 아들의 생명에 속한 여러 일들은 자연인들에게는 정상이거나 실질적으로 보이지 않는다. 중생의 능력에 의해 그리스도께서 우리 안에 형성되시면, 우리의 자연 생명은 마리아가 겪은 일을 체험하게 될 것이다. 만일 거듭나지 않았다면 절대 알 수 없었을 "칼이 네 마음을 찌르듯 하는"눅 2:35 체험을 하게 될 것이다. 이는 하나님의 아들이 우리 안에 형성되지 않았더라면 전혀 알 수 없었을 종류의 고난을 겪게 될 것을 의미한다. 하나님의 아들 때문에 마리아는 '칼로 찌르는 듯한' 고통을 겪어야 했다. 우리 안에 계신 하나님의 아들 때문에 우리의 자연 생명도 그러한 과정을 겪어야 한다. 그러나 이 고통은 죄악된 삶에서 오는 고통과는 다르다.

주님의 생각과 우리의 생각

"예수께서 이르시되 어찌하여 나를 찾으셨나이까 내가 내 아버지 집에 있어야 될 줄을 알지 못하셨나이까"눅 2:49(골 3:1-3 참조).

주님의 내면 세계는 아버지께 완전히 사로잡혀 있었다. 예수님께는 이 세상이 아버지의 집이었고 언제나 주님의 생각은 아버지께서 가지신 관심에 사로잡혀 있었다. 주님의 산상수훈은 이러한 선상에서 나온 교훈이다. 예수님은 말씀하신다.

"네 옛사람의 속성에 따라 삶의 야망을 만들지 말라. 대신 가장 높으신 분의 자녀가 되라. 하나님의 일들에 네 마음을 집중하라."

예수 그리스도께서는 단지 멋진 성품과 훌륭한 덕을 지닌 사람을 만들려고 이 땅에 오신 것이 아니다. 주님의 목표와 목적은 우리가 하늘 아버지의 자녀가 되는 것이다마 5:48.

당신의 생각은 어느 곳에 있는가? 바울은 우리의 애착이 하늘의 것들에 있어야 한다고 말한다골 3장. 이 말은 하늘의 것에 집중하라는 뜻이다. 집중이란 내 마음을 하나님의 일들에 고정하기로 작정하는 것이다. 무엇을 먹을까 무엇을 마실까를 염려하지 말고 오직 하나님 나라를 먼저 구하라. "오, 그래요. 그러나 비록 내가 거듭났다고 하여도 그것만은…", "그렇습니다. 하나님께서 많은 도움을 주셨지만…"이라고 말하지 말라. 조만간 당신의 마음은 염려로 가득 차서 과거의 불신앙의 모습으로 돌아가게 될 것이다. 주님은 "아무것도 염려하지 말고 네 마음을 내게 고정하라"고 말씀하신다. 주님과의 관계 외에 다른 것을 염려하지 않도록 주의하라. 이러한 단계까지 가는 데 시간이 걸린다.

예수님의 공사역이 시작되자 그 사역은 주의 마음이 어디에 있었는지를 드러냈다. 한편, 주님은 자신의 어머니의 마음이 주님의 마음이 있는 곳에 함께 있지 않은 사실에 놀라셨다.

"내가 내 아버지 집에 있어야 될 줄을 알지 못하셨나이까"눅 2:49.

이는 어머니가 알 줄 알았는데 알지 못하였다는 것에 놀라고 아쉬워하는 질문이다. 마찬가지로 우리도 예수 그리스도께서 무엇을 추구하셨는지를 이해하지 못했다고 핑계할 수 없다. 위로부터 거듭날 때 우리는 주의 생명이 우리 안에 태어난 이유를 정확히 알아야 한다. 바로 하나님의 영광을 위해서이다.

주님의 영원한 청춘

"예수께서 이르시되 진실로 진실로 너희에게 이르노니 아브라함이 나기 전부터 내가 있느니라"요 8:58(마 18:3-5 참조).

영적으로는 늙는다는 것이 없다. 세월이 지날수록 젊어진다. 영적인 생명의 특징은 영원한 청춘이다. 이 점에서 영적인 생명은 자연적인 생명과 정반대이다.

"나는 알파와 오메가요 처음과 나중이요"계 22:13.

예수님은 '옛적부터 항상 계신 자'의 영원한 아들이시다. 전능하신 하나님께서는 주께서 친히 창조하신 피조물 중 가장 연약한 존재로 오셨다. 바로 갓난아기로 오신 것이다. 주께서 새 출생을 통해 우리 안에 들어오시면, 우리는 우리 안에 계신 주님의 생명을 쉽게 죽이든지, 성령의 인도하심을 따라 주님의 생명에게 좋은 영양분을 섭취시킴으로써 그리스도의 장성한 분량까지 자라날 수 있다. 성숙한 성도는 마치 어린아이처럼 절대적으로 단순하고 기쁨이 가득하며 생동감이 넘친다.

하나님께서 당신에게 살게 하신 삶을 계속 살아가라. 그러면 당신은 늙는 대신 더욱 젊어질 것이다. 하나님께서 당신의 삶을 주관하시기만 하면, 당신의 삶에는 놀랄 만한 젊음이 넘치게 될 것이다. 만일 당신이 매우 늙었다는 느낌이 든다면 거듭나 자라나도록 해보라.

: Chapter 5 :

주님의 세례와 우리의 소명

주님의 세례	우리의 소명
• 세례 요한의 기대들요 1:26–34 • 예수님의 자세막 1:9–11 • 예수님께서 친히 받아들이신 사명눅 3:21–23 • 예수님의 역할 담당마 3:13–15	• 하나님의 기대들히 2:9–10 • 성도의 자세고전 1:26–29 • 성도들이 직접 받아들여야 하는 사명행 20:24 • 예수님 안에서의 성도의 역할빌 3:10

    나이 30세는 신체적, 정신적, 그리고 영적으로 성숙하였다는 사실을 말한다. 예수 그리스도께서 세례를 받으실 때의 나이가 30세였다. 즉, 모든 면에서 성숙한 상태였다. 삼십년 동안 주님은 공적으로 아무것도 하지 않으셨다. 예수님은 세례 요한의 선포와 함께 등장하셔서 죄로부터의 회개를 의미하는 요한의 세례를 받으셨다.

주님께서 세례를 받으신 것은 세례를 어떠한 형식으로 받아야 하는가를 설명하기 위한 것이 아니다. 또한 성령 세례를 설명하기 위한 것도 아니다. 주님은 세례를 받으시면서 자신에게 주어진 소명, 즉 세상 죄를 담당하시는 소명을 받아들이셨던 것이다. 이 소명은 예수 그리스도께서만 해당하고 그 누구도 취할 수 없는 소명이었다. 예수 그리스도는 세상 죄를 담당하기 위하여 오셨으며 그것이 인자the Son of Man에게 맡겨진 소명이었다. 주께서 세상 죄를 담당하심으로써 누구든지 죄가 없는 사람처럼 하나님께 나아갈 수 있는 문이 열리게 되었다. 성경은 예수 그리스도께서 내 죄악sins을 대신하여 형벌을 받으셨다고 계시하는 것이 아니라 인류의 죄sin를 자신의 등에 짊어지고 담당하셨음을 계시한다고후 5:21 ; 히 9:26. 이는 무한하게 심오한 계시이다.

성경 전반에 걸쳐 계시되는 내용은, 예수 그리스도께서 단순한 동정심이 아니라 자신을 죄와 일치시킴으로써 죄를 담당하셨다는 사실이다. 즉, 주님께서는 의도적으로 인류의 모든 죄를 담은 큰 죄덩어리를 어깨에 짊어지시고 자신의 위격 안에서 담당하셨다. 주님은 이 땅에 오신 이유를 잘 알고 계셨다. 주께서 세례 요한의 세례를 받으신 것은 자신이 무엇을 하고 있는지 알고 계셨음을 드러내며, 모든 사람들에게 자신이 이 세상의 모든 죄에 일치되셨다는 사실을 공적으로 보여주는 첫 사건이었다. 즉, 주님은 세례를 받으시면서 역사 속에서 공적으로 자신의 소명을 분명하게 받아들이셨다.

요한의 기대들

"요한이 대답하되 나는 물로 세례를 베풀거니와 너희 가운데 너희가 알지 못하는 한 사람이 섰으니 곧 내 뒤에 오시는 그이라 나는 그의 신발끈을 풀기도 감당하지 못하겠노라 하더라 … 요한이 또 증언하여 이르되 내가 보매 성령이 비둘기같이 하늘로부터 내려와서 그의 위에 머물렀더라 나도 그를 알지 못하였으나 나를 보내어 물로 세례를 베풀라 하신 그이가 나에게 말씀하시되 성령이 내려서 누구 위에든지 머무는 것을 보거든 그가 곧 성령으로 세례를 베푸는 이인 줄 알라 하셨기에 내가 보고 그가 하나님의 아들이심을 증언하였노라 하니라"요 1:26-28, 32-34.

구약에 근거한 요한의 기대들은 주님이 세례를 받으시면서 이루어지기 시작했다마 3:10-12. 예수 그리스도는 참된 세례자로, 성령으로 세례를 베푸신다. 그분은 나의 죄를 포함한 모든 세상 죄를 담당하시는 하나님의 어린양이시다요일 2:1. 그분은 나를 주님 자신처럼 만들 수 있는 분이시다. 요한의 세례는 이러한 역사를 일으킬 수 없었다.

하나님의 기대들

"오직 우리가 천사들보다 잠시 동안 못하게 하심을 입은 자 곧 죽음의 고난 받으심으로 말미암아 영광과 존귀로 관을 쓰신 예수를 보니 이를 행하심은 하나님의 은혜로 말미암아 모든 사람을 위하여 죽음을 맛보려 하심이라 그러므로 만물이 그를 위하고 또한 그로 말미암은 이가 많은 아들들을 이끌어 영광에 들어가게 하시는 일에 그들의 구원의 창시자를 고난을 통하여 온전하게 하심이 합당하도다"히 2:9-10.

주께서 주의 소명을 감당하셨기 때문에 우리를 향하신 하나님의 기대가 이루어질 수 있게 되었다. 하나님의 기대는 사람들을 '구원 받은 영혼들'로 만드시는 데 그치지 않고 영광으로 이끄시는 것이다. 한 영혼이 구원을 받게 되면 그는 단지 구속의 놀라운 효력에 동참한 것이 된다. 그러나 하나님은 주의 모든 자녀들이 구속에 참여할 뿐 아니라 이 세상에서 하나님께 가치 있는 존재가 되기를 기대하신다.

우리는 구속의 계시와 의식적인 구원 체험을 실질적으로 구별할 수 있어야 한다. 구속은 완벽하게 완성되었고 마무리되었다. 이 구속의 문제는 각 개인과 연관된다. 온 인류는 주님의 십자가에 의해 정죄를 받았으며 구원을 얻었다. 하나님은 어디에서도 사람에게 죄의 유산을 물려받은 사실에 대해 책임을 묻지 않으신다. 다만 하나님께서 사람을 죄의 유전으로부터 구원하실 수 있다는 사실을 알고 이해하면서도 주님을 거절한 사람은 정죄를 받기 시작한다. 주님을 거절하는 순간부터 정죄의 인을 받기 시작하는 것이다. 다음 구절은 정죄에 대한 최종적인 말씀이다.

"그 정죄는 이것이니 곧 빛이 세상에 왔으되 사람들이 자기 행위가 악하므로 빛보다 어둠을 더 사랑한 것이니라"요 3:19.

하나님의 기대가 우리의 삶에서 이루어지고 있는가? 하나님의 아들이 우리 안에서 성숙되고 있는가? 하나님의 아들이 우리 안에서 형성되는 것과 우리가 새사람을 입는 일은 함께해야 한다. 성령께서 그분의 날개로 우리를 덮으시면눅 1:35, 하나님의 거룩하신 아들이 우리 안에서 형성된다갈 1:15-16. 주님의 생명이 인간의 속성 안에 형성되면, 처음에 그 생명은 주님의 기록되지 않은 기간처럼 조용히 성장한다. 비록 죄로부터 구원을 받았더라도 마리아가 자기의 아들 예수 그리스도를 오해한 것처럼, 우리도 하나님의 아들을 오해할 가능성이 있다. 이 사실을 항상 기억하면서 우리의 일상적인 삶을 신중하게 살아야 할 것이다.

우리는 거의 매번 우리의 자연 생명을 쳐서 복종시키기 보다 우리 안에 계신 하나님의 아들에게 고통을 드리기를 선호한다. 또한 하나님의 아들을 나타내기보다 우리의 자연 생명을 인상적으로 드러내기를 원한다. 새사람을 입는다는 뜻은 우리의 자연 생명이 하나님의 아들에게 명령하지 못하도록 하고, 대신 주님이 우리의 모든 영역을 다스리시도록 주께 충분한 기회를 드리는 것을 의미한다. 주님은 우리를 죄로부터 구원하셨다. 이제 우리는 예수님의 생명이 우리의 죽을 육체를 통하여 나타나도록, 주께서 우리의 자연 생명을 다스리시도록 해야 한다. 이것이 주의 자녀들을 영광으로 이끈다는 의미이다. 또한 주님께서 요한의 세례를 받으신 효력이 나타나는 것이고, 주께서 받아들이신 소명이 우리 각자의 삶 속에서 나타나는 것을 의미한다.

세례를 받으실 때 주께서 받으신 소명은 죄와 일치가 되어 죄를 담당하시는 것이었다. 이제 우리의 소명은 하나님의 기대를 이루어 드리는 것으로 주의 영광스러운 자녀가 되는 것이다. 우리 대부분은 일반 복음주의 선상에서 하나님께서 우리를 구원하신 사실만 감사할 뿐, 더 이상 나아가지 않고 멈춘다. 우리는 스스로 거룩을 향하여 나아갈 수 없기에, '거룩'이 되시는 그리스도 안에서 성장해야 한다. 당신은 소명을 받들어 하나님의 아들이 당신의 죽을 육체를 통하여 나타나도록 하는가? 이 질문은 우리의 인간적 속성이 하나님의 아들에게 철저하게 순복해야 한다는 뜻이다. 그렇게 되면 우리의 생각, 계획, 상상, 지식 등이 그리스도께 철저하게 사로잡혀 순종하게 될 것이다.

예수님의 자세

"그때에 예수께서 갈릴리 나사렛으로부터 와서 요단 강에서 요한에게 세례를 받으시고 곧 물에서 올라오실새 하늘이 갈라짐과 성령이 비둘기같이 자기에게 내려오심을 보시더니 하늘로부터 소리가 나기를 너는 내 사랑하는 아들이라 내가 너를 기뻐하노라 하시니라"막 1:9-11.

주님이 받으신 세례는 주님께만 해당하는 특별한 영적 체험이었다. "하늘로부터 소리가 나기를 너는 내 사랑하는 아들이라 내가 너를 기뻐하노라 하시니라." 우리에게는 이와 같은 체험이 있을 수 없다. 이 체험은 주님께만 일어났던 유일한 체험이다. 하나님의 아들은 오직 한 분밖에 없다.

우리는 주님의 구속을 통한 하나님의 자녀들이다. 요한의 세례는 죄로부터의 회개를 의미했다. 그런데 예수께서 그 세례를 받으셨던 것이다. 즉, 주님께서 죄가 되시기 위해 죄와 일치되는 세례를 받으신 것이고, 아버지께서는 이러한 아들을 기뻐하셨다. 주님께서 세상 죄를 지는 소명을 맡으셨을 때, 성령께서 그 위에 임하셨고 아버지의 음성이 하늘로부터 들렸다. 성령은 비둘기같이 주님 위에 내려오셨다. 그러나 성령이 우리에게 오실 때는 불로 임하신다. 성령의 내려오심과 아버지의 음성은 주께서 소명을 받아들이셨음을 인 치시는 것이었다.

예수 그리스도의 십자가와 주님의 세례는 '구속'이라는 똑같은 실체를 나타내고 있다. 주님은 순교자가 아니다. 그분을 선한 사람으로만 생각해서는 안 된다. 주님은 성육신한 하나님이셨다. 그분은 모든 인류를 하나님께로 돌아오도록 하기 위해 가장 낮은 자리로 내려오셨다. 이 일을 이루기 위해 주께서는 인류의 대표자가 되셔서 모든 죄덩어리를 담당하셔야 했다. 이 때문에 그분은 '하나님의 어린양'으로 불리신다. 이러한 구속의 차원에서 하나님께서는 "너는 내 사랑하는 아들이라"고 말씀하셨다.

> "그가 아들이시면서도 받으신 고난으로 순종함을 배워서 온전하게 되셨은즉"히 5:8-9.

하나님의 아들 예수님만이 구속할 수 있다. 그 이유는 그분이 하나님의 아들이었으며 사람들이 하나님께로 돌아올 수 있도록 하기 위해 사람이 되셨기 때문이다.

우리는 끊임없이 신약의 계시를 자신의 체험에 끼워맞추려고 한다. 그러나 이러한 자세는 옳지 않다. 하나님께서 우리의 체험을 말씀의 표준에 맞도록 끌어올리시도록 하라.

성도의 자세

> "형제들아 너희를 부르심을 보라 육체를 따라 지혜로운 자가 많지 아니하며 능한 자가 많지 아니하며 문벌 좋은 자가 많지 아니하도다 그러나 하나님께서 세상의 미련한 것들을 택하사 지혜 있는 자들을 부끄럽게 하려 하시고 세상의 약한 것들을 택하사 강한 것들을 부끄럽게 하려 하시며 하나님께서 세상의 천한 것들과 멸시 받는 것들과 없는 것들을 택하사 있는 것들을 폐하려 하시나니 이는 아무 육체도 하나님 앞에서 자랑하지 못하게 하려 하심이라"고전 1:26-29.

위 구절은 성도들의 소명을 보여준다. 성령은 육체를 자랑하지 못하게 하는 가운데 우리에게 역사하신다. 성령은 우리의 재능이나 지식, 신체적 화려함, 통찰력이나 천재성 등, 자연적인 그 어떠한 것에 대해서도 증거하지 않으신다. 오직 주님의 구속에 의하여 우리 안에 나타난 것만 증거하신다. 우리는 체험에 집중하는가, 아니면 성령의 증거를 분별하는가? 성령은 우리의 육체에 속한 것에는 관심이 없고 오직 하나님의 아들을 증거하는 데 관심이 있으시다고후 5:16. 만일 육체대로 예수 그리스도를 평가한다면, 우리는 그분에게서 아무것도 발견하지 못할 것이다.

하나님께서는 언제나 영적인 것을 세우실 때 강한 것이 아니라 가장 연약한 것 위에 세우신다. 세상 제국은 강한 인간들 위에 서 있다. 그러나 아무리 강하더라도 결과적으로 가장 연약한 부분 때문에 제국은 무너진다. 전능하신 하나님은 베들레헴에서 가장 연약한 아기로 성육신하셨다. 예수 그리스도는 우리의 거듭남에 의해 우리 안에서 주의 생명을 시작하신다. 당신은 당신 안에 하나님의 아들의 생명이 형성되어 있다는 사실을 깨닫고 있는가, 아니면 단지 당신을 변화시킨 하나님의 은혜의 기적만 깨닫고 있는가?

하나님께서는 우리에게 "나를 위하여 이 아기를 길러주기 바란다"고 말씀하신다. 당신의 육체적 생명 가운데 하나님의 아들의 생명이 어떻게 자라나고 있는가? 당신은 당신 안에 태어난 하나님의 아들과 어울릴 만한 새사람을 입고 있는가? 당신 안에 계신 하나님의 아들이 당신의 애착과 생각에 어떠한 영향을 미치고 있는가? 그분을 짓누르고 있는 것은 아닌가? 역사 속에서 하나님의 아들은 그분께 동의할 수 없는 이 세상 지식과 지혜에 의하여 죽임을 당하셨다. 이 세상 지식과 지혜는 예수 그리스도를 모독하고 십자가에 못 박았다. 그와 동일한 일들이 지금도 각 개인의 삶 속에서 일어날 수 있다. 하나님께서 당신을 위해 세워놓으신 경계선을 주의하라. 자연 생명은 이렇게 말한다. "나는 이것도 해야 하고 저것도 해야 한다."

그러나 하나님은 당신에게 그렇게 해서는 안 된다고 말씀하신다. 만일 하나님께서 당신에게 "안 돼"라고 말씀하신 것을 잠깐이라도 사모하게 되면 당신에게 화가 있을 것이다. 하나님께서 "안 된다"고 하신 것을 행하게 되면, 당신은 당신 안에 있는 하나님의 생명을 죽이는 것과 같다. 당신은 하나님께서 세우신 경계선을 받아들이겠는가? 이는 주님을 섬긴다고 하면서 개인의 야망을 이루려는 것을 막는 경계선일 수 있다.

다음과 같은 자세를 취하라. 세상에서 멸시받는 자들과 친해져라. 이 세상 기준으로 볼 때 뚜렷하게 연약해 보이는 자들과 친해져라. 주님의 구속에 바탕을 둔 자들은 하나님이 보시기에 결코 약하지 않다는 사실을 기억하라. 하나님의 자녀로서 소명을 받아들인다는 것은, 이 세상에서 사람들에게 멸시받고 거절당하였던 하나님의 아들과 일치되는 것을 의미한다.

예수님께서 친히 받아들이신 사명

"백성이 다 세례를 받을새 예수도 세례를 받으시고 기도하실 때에 하늘이 열리며 성령이 비둘기 같은 형체로 그의 위에 강림하시더니 하늘로부터 소리가 나기를 너는 내 사랑하는 아들이라 내가 너를 기뻐하노라 하시니라 예수께서 가르치심을 시작하실 때에 삼십 세쯤 되시니라 사람들이 아는 대로는 요셉의 아들이니 요셉의 위는 헬리요" 눅 3:21-23.

위 구절에서 우리는 예수 그리스도께서 요한의 세례를 받으실 때 아버지와 교통하셨다는 사실을 알 수 있다. "예수도 세례를 받으시고 기도하실 때에." 주님은 마음 중심에서 주의 소명을 받으셨다. 따라서 아무리 간교한 작전으로 유혹이 찾아와도 주님은 조금도 흔들림이 없으셨다. 사탄은 주님의 근처에도 오지 못하였다. 주님께서 받아들이신 소명은 세상을 지배하시는 것이 아니라 죄를 지시는 것이었다. 사탄의 목표는 주님으로 하여금 죽음 이외의 다른 방법으로 소명을 이루도록 하는 것이었다.

"굳이 죄를 위하여 죽을 필요가 있겠는가? 십자가를 피해 당신의 소명을 '지름길'로 이룰 수 있는 방법이 있지 않은가?"

주님께서는 이러한 사탄의 유혹에 지지 않으셨다. 주님은 오직 한 가지 목적을 이루기 위해 이 땅에 오셨다. 그 목적은 십자가상에서 세상 죄를 지시는 것이다. 주님께서는 사람을 구속하기 위해 이 땅에 오신 것이지, 삶의 멋진 본을 보이기 위해 오신 것이 아니었다.

성도들이 직접 받아들여야 하는 사명

"내가 달려갈 길과 주 예수께 받은 사명 곧 하나님의 은혜의 복음을 증언하는 일을 마치려 함에는 나의 생명조차 조금도 귀한 것으로 여기지 아니하노라" 행 20:24.

바울은 "이러한 모든 것들이 나를 막을 수는 없다"라고 말한다. '이러한 모든 것들'이란 무엇인가? 바울의 마음을 짓누르고 그의 몸을 만신창이가 되게 하는, 세상의 소망을 다 끊어지게 만드는 고난들이다. 당신은 이러한 소명을 받아들였는가, 아니면 하나님과의 교통이 깊게 '의식'되기만을 신경 쓰고 있는가? 성도들이 받아들여야 하는 사명은 이 한 가지 밖에 없다. 하나님의 은혜의 복음을 증언하는 일!

바울은 이 사명을 기쁨으로 감당하였다. 기쁨이란 행복과 구별된다. 기쁨은 사람이 창조된 목적을 완전하게 이룰 때 찾아온다. 반면 행복은 환경과 조건에 의존한다. 따라서 발생하는 일에 따라 행복을 느끼기도 하고 모욕을 느끼기도 한다. 그러므로 우리는 기쁨을 얻기 위하여 성경이 우리에게 당부하는 것들을 그대로 받아들여야 한다. 당신은 예수님으로부터 다음 사명을 받았는가? "아버지께서 나를 세상에 보내신 것같이 나도 너희를 세상에 보내노라" 요 17:18. 아버지께서 주님을 보내셨다는 의미는 무엇인가?

> "내가 하늘에서 내려온 것은 내 뜻을 행하려 함이 아니요 나를 보내신 이의 뜻을 행하려 함이니라"요 6:38.

예수님의 마음에는 사람들의 필요를 채우는 것보다 아버지의 뜻을 순종하는 것이 우선이었다. 그렇다면 우리가 맨 처음에 받아들이는 소명은 사람을 돕는 것이 아니라 하나님께 순종하는 것이어야 한다. 그 소명을 받아들일 때 우리는 멸시받고 천대받는 자들과 함께 서게 된다. 즉, 온 마음을 다해 예수님이 주시는 소명을 받아들인 사람들은 종종 천대와 멸시를 받게 된다.

대부분의 사람들은 다른 사람들을 따라한다. 우리는 다른 사람들의 부탁을 받고 교회나 지역 공동체 봉사를 한다. 그러나 우리는 누군가의 부탁 때문이 아니라 예수 그리스도께서 친히 주시는 사명을 받아 수고할 수 있어야 한다. 그 사명은 하나님의 은혜의 복음을 증거하는 일이다. 바울은 자신이 행하는 모든 것이 예수 그리스도와 그분의 못 박히심을 증거하는 일이 되도록 결단하였다고전 2:2.

"외적인 상황을 가지고 너희들이 원하는 대로 내게 행할 수 있으나 나로 하여금 사명을 포기하도록 하지는 못할 것이다. 나는 단 한 가지 목표가 있다. 바로 예수님께로부터 받은 사명을 완성하는 것이다."

주께서 소명을 받아들이시자 사탄이 그 소명을 막지 못한 것처럼, 주의 구속을 통하여 하나님의 자녀가 된 우리도 소명을 받아들이고 주님께 받은 사명을 이루어야 한다. 하나님의 아들로 하여금 그 소명을 이루지 못하도록 사탄이 맹공격을 한 것처럼, 우리에게도 그와 같은 일들이 있을 것이라고 주께서 말씀하셨다. 우리의 삶을 통해 예수 그리스도의 목적을 이루는 데 단 일초라도 우리를 곁길로 빠지도록 하는 애착, 생각, 성공, 실질적인 사역, 조직, 주변 사람들과 일들이 있다면 그것이 무엇이든 주의해야 한다. 이것이 바로 '예수님의 치욕을 지고' 예수 그리스도의 머리 꼭대기에서 명령하려는 이 세상 '영문 밖으로' 나아간다는 의미일 것이다히 13:13.

예수님의 역할 담당

> "이때에 예수께서 갈릴리로부터 요단 강에 이르러 요한에게 세례를 받으려 하시니 요한이 말려 이르되 내가 당신에게서 세례를 받아야 할 터인데 당신이 내게로 오시나이까 예수께서 대답하여 이르시되 이제 허락하라 우리가 이와 같이 하여 모든 의를 이루는 것이 합당하니라 하시니 이에 요한이 허락하는지라"마 3:13-15.

요한은 예수 그리스도가 누구신지 알았다. 주님에 대해, 불과 성령으로 세례를 베푸실 분으로 바르게 알고 있었다. 그럼에도 주님은 회개의 세례를 받으시기 위해 요한에게 나아오셨다. 이에 요한이 놀란 것은 당연했다. 그는 예수님께 세례를 베풀기를 거절하였다. 이때 예수께서 말씀하셨다. "이제 허락하라. 우리가 이와 같이 하여 모든 의를 이루는 것이 합당하니라." 그러자 요한은 주께 세례를 베풀었다.

메시아의 전령관 요한은 메시아에게 합당한 것들에 대한 자기 생각을 주장할 필요가 없었다. 그는 메시아께서 말씀하신 대로 순종만 하면 되었다. 주님의 소명은 죄와 일치가 되는 것이었다. 주님은 완벽하고 완전하게 죄와 일치되었다. 주님의 세례는 주께서 자신의 소명을 온 세상 앞에서 받아들인 증거였다. "이를 위하여 내가 이곳에 있노라."

예수님께서는 능력이나 통치권을 받기 위해 세례를 받으신 것이 아니라 죄와 일치하기 위해 세례를 받으셨다. 예를 들어, 죄의 성향인 자신에 대한 권리 주장은 한 사람 아담에 의해 인류에게로 들어왔다롬 5:12. 성령은 또 다른 한 사람 인자에 의해 인류에게로 들어오셨다. 그래서 "죄가 더한 곳에 은혜가 더욱 넘치게"롬 5:20 되었다. 예수 그리스도는 자신의 죽음에 의하여 세상 죄를 담당하셨고, 우리는 주님의 죽음과 일치됨으로써 죄의 유전으로부터 구원을 얻고 새로운 성향 곧 예수 그리스도의 순결한 거룩을 받을 수 있게 되었다. 새로운 성향은 우리가 흉내 낸다고 얻어지는 것이 아니다. 그것은 오직 자신에 대한 권리를 예수 그리스도께 양도하고 주님과 일치될 때 우리에게 부여된다갈 2:20.

예수님 안에서의 성도의 역할

"내가 그리스도와 그 부활의 권능과 그 고난에 참여함을 알고자 하여 그의 죽으심을 본받아 어떻게 해서든지 죽은 자 가운데서 부활에 이르려 하노니"빌 3:10-11.

주께서 우리에게 어떤 일을 행하시는지를 인식하는 것과 그것을 의도적으로 그분의 역할로 받아들이는 것은 다르다. 우리는 절대로 예수 그리스도처럼 세상 죄를 지는 역할을 받을 수 없다. 그 일은 주님의 일이었다. 그러나 주님께서는 우리에게 십자가를 지라고 당부하신다. 무엇이 나의 십자가인가? 나의 십자가를 진다는 것은 자신에 대한 권리를 주님께 영원히 양도하는 것을 말한다. 자기 유익, 자기 연민, 자기 동정 등 전적으로 주님이 말씀하신 삶이 아닌 것들은 나의 삶을 무가치하게 만든다. 당신은 인생을 헛되게 살아왔는가? 빌립보서 3장 10절을 분명하게 이해하고 있는가? 바울은 이 구절에서 시적인 표현을 하고 있는 것이 아니다. 단순하고 과감하며 확실한 영적인 삶을 표현하고 있다. 그는 "내가 그리스도를 알고자 하여"라고 말한다. 결코 주께서 그를 위해 무엇을 하실 수 있는지, 어떠한 일들을 이루셨는지를 선포하겠다고 말하고 있지 않다. 대신 "주님과 부활의 권능을 알고자 한다"라고 말하고 있다. 이는 자신에게 주어진 역할을 충실하게 감당함으로써 주님으로부터 계속 생명을 받는 것을 의미한다.

"그 고난에 참여함을 알고자 하여." 이는 자연적인 본성과는 상반되는 일들이 일어나더라도 주님과 함께하겠다는 결단이다. "그의 죽으심을 본받아." 이는 자신의 자연적인 고상함이나 덕을 다 포기하는 자세를 의미한다. 이러한 자세를 가지는 사람들은 지극히 적다. 음식을 절제하는 부분적인 금식은 쉬운 일이다. 그러나 모든 자연적인 수

단들을 삼가는 것은 쉽지 않다. 이러한 전반적인 금식을 통해 우리는 하나님께서 우리 영혼에게 맡기시는 역할을 받아들일 수 있다.

예를 들어, 시적인 표현을 잘 쓰고 웅변을 잘하는 설교자가 있다고 하자. 그 설교자는 그의 삶을 위한 하나님의 임명을 받기 위해 한동안 자연적인 재능들을 삼갈 필요가 있다. 지금 이 전쟁1차 세계대전-역주에서 가장 큰 아픔을 당하시는 분은 예수 그리스도시다. 우리는 이 와중에 주님의 고난을 함께 나누며 금식을 해야 마땅하다. 그러나 여전히 '고상한 자연적인' 것들에 마음을 쏟는 자들이 많다. 이들은 주 앞에서 자연적인 것들을 삼가는 대신 그분의 마음을 아프게 하였다. 그리고 그 일로 사람들 앞에서 칭찬을 받고 있다.

"그의 죽으심을 본받아." 우리는 예수님께서 가지셨던 관심에 자신을 일치시켜야 한다. "어떻게 해서든지 죽은 자 가운데서 부활에 이르려 하노니." 우리는 언젠가 예수님처럼 부활에 이를 것이다. 그러나 간신히 구원 받은 영혼의 모습이 아니라 주의 구속에 의하여 하나님의 자녀다운 영광의 모습으로 부활하게 될 것이다.

오직 그리스도인들만이 예수님과 일치되는 것이 허락된다. 그러나 우리 대부분이 그렇게 살고 있지 않다. 즉, 마음을 다해 예수 그리스도와 일치되는 삶을 살아야 하는데, 그러한 삶에서 많이 벗어나 있다. 주님의 임명이 있기까지는 시간이 걸린다. 또한 시간이 걸려야 한다. 그러나 하나님을 기다려서 개인의 삶을 향한 하나님의 임명을 받아들이는 영혼에게는 그 기다림의 기간이 결코 낭비일 수 없다.

: Chapter 6 :

주님이 받으신 유혹과 우리가 받는 유혹

주님의 홀로 계심 마 4:1-2	내적 순교 벧전 4:12-13
• 믿음으로 깨어 계시는 주님 마 4:3-4 • 소망 가운데 기다리시는 주님 마 4:5-7 • 주님의 사랑의 방법 마 4:8-10 • 마귀의 한계 마 4:11	• 인간의 생각의 함정 마 11:6 • 지혜의 빛 요 12:16 • 하나님 나라의 자유함 눅 17:21 • 유혹의 한계 고전 10:13

"그가 시험을 받아 고난을 당하셨은즉 시험 받는 자들을 능히 도우실 수 있느니라 … 우리에게 있는 대제사장은 우리의 연약함을 동정하지 못하실 이가 아니요 모든 일에 우리와 똑같이 시험을 받으신 이로되 죄는 없으시니라 그러므로 우리는 긍휼하심을 받고 때를 따라 돕는 은혜를 얻기 위하여 은혜의 보좌 앞에 담대히 나아갈 것이니라"히 2:18, 4:15-16.

유혹은 죄가 아니다. 사람이라면 누구나 유혹을 당하게 되어 있다. 유혹을 받지 않는다는 것은 모욕일 수 있다. 유혹이란 우리가 목표하는 최고의 것을 지름길로 이루도록 이끄는 것이다. 철이 어떻게 단련되는지를 아는 것은 유혹에 대한 좋은 설명이 된다. 철은 시험 과정에서 부하가 걸린다. 이러한 방법으로 철의 내구력이 측정된다. 유혹은 어떤 외부 세력에 의해 한 인격체가 소유하는 속성들이 시험받는 것으로써, 시험의 결과로 더 고상하고 성숙한 성품이 만들어질 수 있다.

위의 정의는 주님이 당하신 유혹을 설명한다. 주님은 자신의 위격 안에 흠 없는 거룩함을 소유하고 계셨고, 실제로 사람들의 왕이시며 세상의 구세주셨다. 사탄은 이 선상에서 주님을 시험하기 위해 온 외부 세력이다. 사탄이 유혹한 시기는 주께서 영적으로 최고의 상태를 누린 직후였다마 3:16-17 ; 4:1. 이 기간은 힘을 측정하는 기간이었다. 성경의 기록에 의하면, 주님은 사탄의 유혹을 직면하셨지만 이기셨다. 예수님께 던진 사탄의 유혹은 주의 사명을 쉽게 이루도록 하는 것이었다. 예수 그리스도는 세례를 받으시면서 세상 죄를 져야 하는 자신의 소명을 받아들이셨고 그 즉시 성령은 예수님이 마귀에게 시험을 받도록 광야로 이끄셨다. 그러나 주님은 시련을 이기시고 자신의 인격성을 그대로 보존하셨다. 주님은 유혹을 받으셨으나 "여전히 죄가 없으셨다"히 4:15.

주께서 받으신 유혹들은 인간의 속성과 전혀 관계 없는 것들이었다. 따라서 그 유혹들은 자연인들에게는 적용되지 않는다. 우리가 거듭나 주님의 형제들이 될 때까지는 주님이 받으신 유혹과 우리가 받는 유혹은 서로 다른 영역에 속한다히 2:11. 예수님께서 받으신 유혹들은 사람이 사람으로서 받은 유혹들이 아니라 하나님께서 사람으로서 받으신 유혹들이다. 주께서 일반 사람으로서 유혹을 받으셨다는 언급은 많은 사람들에게 쉽게 받아들여지지만, 성경은 주께서 그렇게 유혹 받으셨다고 말하지 않는다. 예수 그리스도는 죄의 유전 없이 태어나셨고 모든 면에서 일반 사람들처럼 유혹을 받지 않으셨다. 주님이 당하신 유혹이 무엇인지 이해할 수 있는 사람은 오직 성령에 의해 위로부터 거듭나 초자연적인 중생에 의해 하나님 나라에 속하게 된 주의 형제들이다.

주님이 당하신 유혹들에 대한 성경의 기록은 우리가 주님을 헤아려 보라고 씌어진 것이 아니다. 오히려 거듭나게 된 우리에게 닥칠 유혹을 알게 하기 위함이다. 우리가 성령으로 거듭나 예수 그리스도와 교제하게 되면 주님께서 당하신 유혹이 우리에게도 적용된다. 우리는 구원 받아 거룩하게 되면 유혹으로부터 해방되는 것으로 착각하는 경향이 있다. 그러나 그렇지 않다. 오히려 자유롭게 풀려났기 때문에 유혹이 다가온다. 거듭나기 전에는 죄의 노예 상태이기 때문에 영적으로나 도덕적으로 유혹을 받을 만큼 자유하지 않다. 그러나 하나님 나라의 백성으로 거듭나게 되면 우리는 하나님께서 유혹이라고 부르시는 것으로 이끌게 된다. 즉, 하나님의 아들이 받으신 유혹들을 우리도 받게 되는 것이다. 하나님은 거듭난 성도들이 성장할 수 있도록 하시기 위해 그들에게 유혹을 면제시켜 주시는 일이 없다.

하나님의 아들은 우리 각 개인의 생명 안에서 유혹을 당하신다. 이때 그분은 우리가 유혹 가운데 주께 충성하기를 기대하신다눅 22:28. 예수 그리스도의 명예가 우리의 삶에 달려 있다. 당신은 우리 안에 계신 주의 생명을 둘러싼 여러 유혹들 가운데 하나님의 아들에게 충성하겠는가? 성도의 인격성은 하나님께서 사람에게 요구하시는 모든 것을 다 가지고 있다. 성도에게 다가오는 유혹은 주님께 왔던 유혹과 같은 선상에서 온다. 그 유혹은 성도로서 이루어야 할 목표들을 하나님이 의도하지 않으신 다른 방법으로 제멋대로 이루라는 것이다.

주님의 홀로 계심

"그때에 예수께서 성령에게 이끌리어 마귀에게 시험을 받으러 광야로 가사 사십 일을 밤낮으로 금식하신 후에 주리신지라"마 4:1-2.

하나님의 영이 주님을 광야로 이끄신 한 가지 목적은, 마귀에게 시험을 받게 하시는 것이었다. 이는 주님을 시험할 뿐 아니라 기독교의 주되심이 무엇인지를 계시하기 위함이다.

주 예수 그리스도는 홀로 계신 가운데 강한 자를 만나 그를 이기고 묶었다. 이제 주님은 우리에게 '원수의 모든 능력을 이기는 권세'

를 주신다. 히브리서 기자는 유혹을 받을 때 "예수님을 본받으라"고 말하지 않고 "예수님께로 가라"고 말한다. 그러면 주께서 "시험 받는 자들을 능히 도우실 것이라"고 한다. 즉, 유혹을 승리하여 이긴 주님의 완벽한 능력이 우리의 것이 된다히 2:18.

성경은 사탄이 들어오게 된 것은 사람의 책임이라고 계시한다. 사탄은 사람과 마귀 사이의 교제의 결과이다. 이는 하나님께서 마귀를 직접 다루시지 않고 사람이 마귀를 다루어야 한다는 뜻이다. 반드시 사람이 사탄을 패배시키고 정복해야 한다. 바로 이러한 이유 때문에 하나님께서 성육신하셨다. 하나님께서 사람으로 성육신하심으로써 사탄을 정복하셨다.

내적 순교

"사랑하는 자들아 너희를 연단하려고 오는 불 시험을 이상한 일 당하는 것같이 이상히 여기지 말고 오히려 너희가 그리스도의 고난에 참여하는 것으로 즐거워하라 이는 그의 영광을 나타내실 때에 너희로 즐거워하고 기뻐하게 하려 함이라"벧전 4:12-13.

교회사를 보면 내적 순교와 외적 순교가 병행하는 일이 거의 없었다. 우리는 외적 순교에 대해 친숙하지만 내적 순교가 훨씬 더 중요하다는 사실을 알아야 한다. 바울은 빌립보서 2장에서 내적 순교를 다룬다.

"오히려 자기를 비워 종의 형체를 가지사 사람들과 같이 되셨고"빌 2:7.

주님은 의도적으로 영광의 자리를 내려놓으시고 '종의 형체'를 취하셨다. 만일 예수님과 교제를 나눈다면 우리는 영광을 구하는 대신에 자신을 죽이고 자신에 대한 모든 권리를 내려놓아야 한다. 이러한 철저한 내적 순교 없이는 마귀의 유혹이 어느 순간 우리를 사로잡을 것이다.

베드로는 "사랑하는 자들아 너희를 연단하려고 오는 불 시험을 이상한 일 당하는 것같이 이상히 여기지 말라"고 말한다벧전 4:12. 내적 갈등은 성도인 우리가 주님께서 성령에 이끌려 광야에서 어떤 시험을 당하셨는지를 이해할 때 설명된다. 사탄은 예수님께 이 세상의 왕이 되라고, 하나님이 정하지 않으신 방법으로 인류의 구세주가 되라고 유혹하였다. 마귀는 거듭난 우리에게 나쁜 짓을 하라고 유혹하는 것이 아니다. 중생에 의하여 하나님께서 우리 안에 넣으신 생명을 잃어버리도록 유혹한다. 즉, 하나님 앞에서 가치 있는 존재가 되지 못하도록 한다. 우리가 위로부터 거듭나면 마귀가 무너뜨리려고 중점적으로 공격하는 요새가 있는데, 그것은 바로 예수님을 공격하였던 요새와 같다. 즉, 자신의 방식대로 하나님의 뜻을 이루도록 유혹한다.

믿음으로 깨어 계시는 주님

> "시험하는 자가 예수께 나아와서 이르되 네가 만일 하나님의 아들이어든 명하여 이 돌들로 떡덩이가 되게 하라 예수께서 대답하여 이르시되 기록되었으되 사람이 떡으로만 살 것이 아니요 하나님의 입으로부터 나오는 모든 말씀으로 살 것이라 하였느니라" 마 4:3-4.

절대 망각할 수 없도록 주께서 우리에게 알려주신 세 가지 유혹의 그림은 하나로 요약된다. 그것은 "당신이 만일 하나님의 아들이어든 당신의 방법대로 하나님의 일을 해보라. 당신의 아들 된 특권을 주장하라"는 것이다. 첫째 유혹은 이기적인 나라를 세우라는 것이다.

"당신이 하나님의 아들이라면 명하여 이 돌들을 떡덩이가 되게 하라. 당신은 굶주릴 필요가 없다. 당신 자신과 다른 사람들을 배부르게 하라. 그러면 사람들의 왕이 될 것이다."

사탄의 말이 맞는가? 요한복음 6장 15절을 읽어보자.

> "그러므로 예수께서 그들이 와서 자기를 억지로 붙들어 임금으로 삼으려는 줄 아시고 다시 혼자 산으로 떠나가시니라."

사람들은 왜 예수님을 임금으로 삼으려 하였는가? 바로 오천 명을 먹이셨기 때문이다! 사람들에게 그토록 큰 동정심을 가지신 예수님께 사탄의 제안은 매우 멋진 비전이었음에 틀림없다. 잠깐이라도 예수님은 그러한 순간을 생각하셨을지 모른다. 그러나 주님은 그러한 방법으로 왕이 되려고 하지 않으셨다.

"사람이 떡으로만 살 것이 아니요 하나님의 입으로부터 나오는 모든 말씀으로 살 것이라 하였느니라."

주님은 지름길을 제안하는 사탄의 유혹을 단번에 거절하셨다. 그리고 고난을 피하지 않고 멀고 긴 순종의 길을 택하셨다.

주께서 받으신 유혹은 개인적으로 당하신 유혹이 아니다. 주님은 그분 안에 모든 인류를 대표하고 계셨다. 중생한 사람들마다 주 안에서 자기 자리를 발견하여 서게 될 것이고, 지름길로 가라는 사탄의 유혹을 똑같이 받게 될 것이다.

인간의 생각의 함정

"누구든지 나로 말미암아 실족하지 아니하는 자는 복이 있도다 하시니라"마 11:6.

세례 요한은 위대한 사람이었지만 깊은 낙심에 빠졌다마 11:11. 메시아의 전령관 역할을 했던 그는 하나님께서 메시아에 관해 알려주신 놀라운 내용들이 예수 그리스도께 맞지 않는 것 같다고 생각하면서 오해하기 시작했다마 3:11-12. 그는 자신의 생각을 따를 것인지, 아니면 계시를 선택하여 따를 것인지 그 기로에 선 것이다.

주님께서 받으신 첫째 유혹은 우리에게 다음과 같이 찾아온다.

"잘 생각해야 한다. 너는 사람들을 섬기기 위하여 이곳에 있다. 따라서 그들을 기쁘게 해줄 수 있는 가장 실질적인 것들을 택하여 그들의 필요를 만족시켜 주어야 한다."

오늘날 이러한 선상에서 사람들의 아우성은 대단하다.

"사람의 필요를 먼저 채우라. 하나님께 대한 계명은 전혀 신경 쓰지 말라. 사람에 대한 계명이 가장 중요하다."

이러한 조언은 타당하고 옳게 들린다. 그러나 그 중심에는 사람의 필요를 먼저 앞세우려는 사탄의 유혹이 들어 있다. 오늘날 이 세상은 사람의 생각과 지혜에 따라 하나님의 뜻보다 사람의 필요를 끊임없이 앞세우고 있다. 사람의 필요를 만족시키는 일에 대해 누가 틀리다고 말하겠는가! 인간의 생각들과 인본주의적인 방안들이 보좌에 앉아 있는 한, 사람의 필요를 먼저 만족시키는 일은 표면적으로 가장 멋진 일처럼 보일 것이다. 사탄의 모든 유혹은 우리가 성령으로 깨어 있지 않으면 항상 옳게 느껴진다. 주님과 깊은 교제 가운데 머무는 것만이 이러한 사탄의 유혹들이 그르다는 것을 감지할 수 있는 길이다 막 12:29-31.

오늘날 그리스도인들은 자연인들보다 현대의 문명화된 삶의 조건들을 더 자세히 점검할 필요가 있다. 우리는 인간의 생각이 아니라 하나님을 향한 경배가 우리의 보좌 중심에 있는지를 점검해야 한다.

기독교의 증거는 세상에 보여주는 선행들이 아니다. 물론 사람들에게는 아직도 하나님께서 의도하셨던 인간의 선한 속성이 남아 있기 때문에 선한 행위들이 밖으로 나타날 수 있다. 이러한 관점에서는 이 세상의 문명 속에도 칭찬할 만한 것들이 많다. 그러나 그 안에는 하나님의 약속이 없다. 자연적인 덕들은 한계가 있다. 더 이상 발전하지 않는다.

예수 그리스도는 사회 개혁가가 아니시다. 주께서 이 땅에 오신 이유는 무엇보다 먼저 사람을 변화시키는 것이었다. 만일 사회 개혁이 이 땅에서 이루어져야 한다면, 우리가 그 일을 해야 한다. 사회 개혁은 올바른 일반인들이 하는 사역 중 일부이고, 그리스도인들도 그 일을 해야 한다. 다만 그리스도인들은 사람들에게 가장 의미 있는 일이기 때문이 아니라 하나님의 아들을 예배하기 위해서 그 일을 한다.

그리스도인들의 가장 중요한 첫째 의무는 사람들의 필요를 채우는 것이 아니라 구세주의 뜻을 이루는 것이다. 주께서 가장 큰 고통 가운데 계실 때 주신 말씀을 기억하라. "시험에 들지 않게 깨어 있어 기도하라"마 26:41. 하나님의 명령에만 집중하라. 다른 곳에서 들리는 제안들을 듣지 말라. 영적으로 잠들지 말고 깨어 기도하면서 하나님을 계속 예배하라. 이 세상의 일반 백성으로서 자신의 의무를 다하도록 하라.

소망 가운데 기다리시는 주님

"이에 마귀가 예수를 거룩한 성으로 데려다가 성전 꼭대기에 세우고 이르되 네가 만일 하나님의 아들이어든 뛰어내리라 기록되었으되 그가 너를 위하여 그의 사자들을 명하시리니 그들이 손으로 너를 받들어 발이 돌에 부딪치지 않게 하리로다 하였느니라"마 4:5-7.

마귀는 유혹을 통해 엄청난 가능성을 제시하였다.

"당신이 만일 하나님의 아들이어든 이 성전 꼭대기에서 뛰어내리라. 뭔가 초자연적인 일들을 하라. 기적과 기사를 행하여 사람들을 사로잡으라. 그들은 놀라움 가운데 마음이 동하여 당신의 발 앞에 꿇어 엎드릴 것이다. 눈부신 왕국을 세우라."

주님은 사람들의 마음을 안심시키려는 의도로 기사나 이적을 행하신 적이 없다. 그런 식으로 자신을 믿도록 하지 않으셨고 아무도 강요하지 않으셨다. 초자연적인 능력이나 붐을 일으키는 수단들을 사용하지 않으셨다. 사람들의 생각을 흔들어놓고 흥분시킨 후에 주님께 굴복하도록 하는 방법을 사용하지 않으셨다. 주님은 언제나 차분하게 생각해 보도록 제안하셨다.

"시간을 가지고 어떻게 할 것인지 고민해보라"눅 9:57-62.

예수 그리스도는 제자를 만드실 때 내면의 감각을 훈련하신다. 따라서 황홀에 빠뜨리거나 신비한 매력으로 사람들을 홀리지 않으시고, 그들 앞에서 가장 직설적인 제시를 하신다.

"나의 제자가 되려면 이러한 조건들을 갖추어야 한다"눅 14:26-27,33.

예수 그리스도를 믿으려면 자신의 선택을 통해 전인격적인 결정을 해야 한다. 이 시대의 교회를 향한 유혹은 '쇼 사업'으로 가고자 하는 것이다. 주님은 제자들에게 주님을 증거하는 증인이 되라고 말씀하셨다. 이는 그들이 어디에 거하든 주님의 만족이 되라는 말씀이다행 1:8.

지혜의 빛

"제자들은 처음에 이 일을 깨닫지 못하였다가 예수께서 영광을 얻으신 후에야 이것이 예수께 대하여 기록된 것임과 사람들이 예수께 이같이 한 것임이 생각났더라"요 12:16.

주께서 받으신 유혹은 성경에 조심스럽게 기록됨으로써, 주의 생명이 우리 안에 형성될 때 우리에게 임할 유혹이 어떠한지를 미리 알려준다. 주님께서 받으신 둘째 유혹은 성결을 체험한 후에 엄청난 덫으로 다가오기 쉽다.

"이제 당신은 구원을 받아 거룩하게 되었다. 그렇다면 이제 하나님께서는 당신 안에서 놀라운 일들을 이룬 것을 증명하기 위해 분명히 당신을 통해 세상을 뒤집으실 것이다. 구원 받지 못한 영혼들이 당신을 통해 구원을 받을 것이며 모든 악령 들린 자들이 당신을 통해 구원을 얻게 될 것이다. 당신을 통해 모든 병든 자들이 치유를 받게 될 것이다."

실제로 사탄은 주께 다음과 같이 말했다.

"사람들을 홀리기 위하여 기적과 기사를 사용한다면, 당신은 당장 그들의 왕이 될 것이다."

이와 동일한 종류의 유혹이 예수님의 형제인 교회와 각 그리스도인들에게 찾아온다. 유혹에 빠지면 하나님께 기사와 기적이 나타나게 해달라고 기도하는 것이 옳게 들린다. 지난 20세기 동안 기독교는 종종 이러한 유혹에 굴복하여 가장 무절제하고 무질서한 적이 많았다. 불행하게도 이러한 유혹은 지난 수십 년 이상의 방언 운동에서 많이 나타났다. 참으로 성령에 의하여 사로잡혔던 수많은 사람들이 이러한 사탄의 유혹에 빠져들었다.

우리에게는 하나님께서 우리를 위하여 하신 일들을 보며 오히려 그 일들로 우리 안에 계신 하나님을 평가하려는 경향이 있다.

'하나님이 나를 위하여 무엇을 행하셨지?'

그러나 하나님은 우리의 주요 선생이시다. 그분에 대하여 놀라야 하는 것은, 그분이 하지 않은 일이 무엇인지를 아는 것이다. 하나님의 관점이 아니라 사람의 관점으로 주님의 삶이 얼마나 부끄러운 실패의 삶인지를 생각해보라. 주님께서는 기적과 기사들이 우리에게 따르지 않을 것이라고 말씀하지는 않으셨지만, 우리를 위해 정하신 목적은 우리가 주의 방법으로 하나님의 뜻을 행하는 것이다. 모든 세상적인 지혜에는 항상 유혹이 함께하는 것 같다. 그러나 주님은 성령의 빛으로 어디가 잘못되었는지를 보여주신다.

당신은 당신 안에 계신 하나님의 아들이 받는 유혹 가운데 계속 그분과 함께하겠는가, 아니면 주님을 배반하고 "나는 이제 구원 받아 거룩하게 되었으니 하나님께서 놀라운 일들을 행하실 것을 기대한다"라고 고집하겠는가? 이러한 주장은 인간적 지혜의 입장에서 볼 때 옳은 것처럼 보여도, 사실 성령의 빛으로 분별할 때 사탄의 유혹이다. 주님이 권면하신 대로 깨어 기도하라!

주의 사랑의 방법

"마귀가 또 그를 데리고 지극히 높은 산으로 가서 천하 만국과 그 영광을 보여 이르되 만일 내게 엎드려 경배하면 이 모든 것을 네게 주리라 이에 예수께서 말씀하시되 사탄아 물러가라 기록되었으되 주 너의 하나님께 경배하고 다만 그를 섬기라 하였느니라" 마 4:8-10.

주께서는 타협의 유혹을 받으셨다.

"현명한 타협을 함으로써 당신은 사람들의 왕이 되고 이 세상의 구세주가 될 수 있다. 무엇이든지 폭넓게 수용하는 나라를 세우라. 이 세상에는 악이 있지만 그 악을 지혜롭게 사용해보라. 죄에 너무

세게 대항하지 말고 마귀나 지옥에 대하여 말하지 말라. 사람은 반드시 위로부터 거듭나야 한다는 극단적인 주장을 하지 말라. 내가 이 세상을 다스리는 것을 너그럽게 봐주고 '필요악'이라고 부르라. 죄는 반역이 아니라 병이라고 말하라. 내 앞에 꿇어 엎드리고 나를 경배하라. 내 관점에서 세상을 보라. 그러면 내가 물러날 것이요, 이 세상은 당신의 것이 될 것이다. 세상적인 나라를 세우도록 하라."

예수 그리스도를 보좌에서 몰아내기 위한 마귀의 첫째 작전은 자신을 전혀 보이지 않도록 하는 것이다. 마귀는 뒤로 물러나 평화를 선전하는 운동을 펼친다. 이러할 때 교회는 그 평화 운동 앞에 항복하고 성공을 타협한다. 그 이유는 거듭나지 않은 자연인들이 원하는 것이 바로 이러한 평화 운동이기 때문이다. 그러나 주님에 의해 이러한 유혹이 노출되면, 그 유혹은 모든 유혹 중 가장 끔찍할 정도로 간교한 것이었음이 드러나게 된다.

유혹에 굴복한다는 것은 정욕을 우상화한다는 뜻이다. 성경에서 '정욕'은 단순한 부도덕을 의미하지 않는다. 그것은 "나는 당장 그것을 원한다"는 마음이다. 더 이상 참을 수 없으니 내 욕구를 당장 만족시켜야 한다는 것이다. 주님께서 받으신 유혹들 안에는 정욕을 우상화하는 내용이 담겨 있다.

"사람의 필요를 먼저 채워주면 당신은 당장 이 세상의 왕이 될 것이다. 기사와 기적을 사용하라. 당신은 당장 인간들의 왕이 될 것이다. 악과 타협하라. 자연적인 세력들과 현명하게 조화를 이루라. 당신은 당장 인간들의 왕이 될 것이다."

이러한 유혹에 대해 주님이 하신 답변의 핵심은 다음과 같다.

> "내가 하늘에서 내려온 것은 내 뜻을 행하려 함이 아니요 나를 보내신 이의 뜻을 행하려 함이니라"요 6:38.

이 의미는 "나는 비록 하나님의 아들이지만 내 방식이 아니라 하나님의 방식대로 하나님의 일을 행하기 위해 이곳에 왔다"는 것이다.

사람들의 마음을 사려는 유혹은 모든 유혹 중 가장 간교하다. 이러한 유혹은 우리의 자연적 본성과 너무나 잘 어울린다. 반역자를 조르거나 설득한다고 해서 그 영혼을 얻을 수는 없다는 사실을 기억하라. 절대로 불가능하다. 하나님의 통치를 싫어하는 사람을 아무리 조르고 설득해본들 그의 영혼을 구원할 수 없다.

예수 그리스도의 복음은 언제나 분명한 선을 긋는다. 주님의 자세는 시종일관 단호하다. 타협이란 있을 수 없다. 하나님 나라가 설 수 있는 유일한 길은 예수 그리스도의 십자가에 나타난 하나님의 사랑에 의해서이다. 하나님 나라는 공의나 거룩이 없는, 뼈대 없는 맹목적인 친절한 사랑에 의해 세워질 수 없다. 하나님의 사랑의 배경은 거룩이다. 주님의 사랑은 타협하는 사랑이 아니고 오직 중생 안에서 역사하는 사랑을 수단으로 임한다. 그렇다면 우리는 중생한 후에 모든 사람들에게 구속의 필요를 알려야 한다. 만일 구속의 필요를 무시한 채 단지 모든 사람들에게 친절하고 관용하며 그들을 사랑한다면, 이는 하나님의 사랑을 모독하는 것이다.

하나님 나라의 자유함

"또 여기 있다 저기 있다고도 못하리니 하나님 나라는 너희 안에 있느니라"눅 17:21.

하나님 나라는 당신 안에서 조금도 타협하지 않는다. 우리는 절대로 이 세상 나라와 타협해서는 안 된다. 마귀의 유혹은 우리를 타협하게 하는 것이다. 복음을 전하는 사람들이 마귀의 유혹에 따라 타협하게 되면, 마귀와 같은 존재 및 지옥 같은 곳이 없다고 가르치게 된다. 죄라는 것은 단지 약점일 뿐이라고 말한다. 인간들이란 깊은 숲 속에서 길을 잃은 불쌍한 아기들 같다고 한다. 따라서 사람들에게 언제나 친절하고 따스하게 대하면 된다고 한다. 하나님의 '부성' fatherhood을 선포하고, 만인 구원론과 인류의 형제 됨을 가르친다. 하나님의 친절하심을 강조하며 인간의 고상함을 격려한다. 그러나 주님께서 받으신 유혹들에 대한 기록은 어디서부터 사탄의 공격이 들어오는지를 계시해준다.

오늘날 교회 공동체에서는 너무나 많은 행사들로 인하여 예수 그리스도가 계실 곳이 없다. 예수 그리스도는 그리스도인들의 마음 보좌에서 밀려났고 여러 세상의 기교들과 지혜들이 그 자리를 차지하였다. 결과적으로 시련과 어려움이 오면 대부분의 성도들은 어쩔 줄 모르고 패배하게 된다. 그 이유는 이미 여러 유혹에 빠져 있기 때문이다.

마귀의 한계

"이에 마귀는 예수를 떠나고 천사들이 나아와서 수종드니라"마 4:11.

성공적으로 유혹을 통과하면 승리가 온다. 만일 주께서 조금이라도 실패하셨다면 천사가 나아와 시중들지 않았을 것이다. 유혹의 기간을 지난 후에 무엇에 애착을 갖는지를 보면, 그 사람이 유혹에 이겼는지 패배하였는지를 알 수 있다. 현실 속에서 우리가 유혹을 이겼는지를 알 수 있는 방법은 지극히 높으신 분께 더 깊은 애착과 감사를 느끼는지를 살펴보면 된다. 유혹은 반드시 오고, 우리는 유혹을 당하기까지 유혹에 대해 알 수 없다. 유혹을 받을 때 하나님과 다투거나 하나님 앞에서 변명하지 말라. 어떠한 대가를 치르더라도 주님께 절대적으로 충성하라. 그러면 어느새 사탄의 공격은 물러가고, 우리는 과거 어느 때보다 더 높고 순결한 사랑으로 하나님께 애착을 느끼게 될 것이다.

유혹의 한계

"사람이 감당할 시험 밖에는 너희가 당한 것이 없나니 오직 하나님은 미쁘사 너희가 감당하지 못할 시험 당함을 허락하지 아니하시고 시험 당할 즈음에 또한 피할 길을 내사 너희로 능히 감당하게 하시느니라"고전 10:13.

하나님은 유혹으로부터 우리를 막아주지 않으시지만 유혹 가운데서 우리를 구하신다. 유혹은 우리가 피할 수 있는 것이 아니다. 하나님의 자녀가 온전하게 성숙하는 데 유혹은 절대적으로 필요하다. 스스로 다른 사람이 받지 않는 특별한 시험을 당하고 있다고 오해하지 말라. 우리가 겪는 유혹들은 누구에게나 있는 것이고 인류에게 공통으로 주어진 것이다. 유혹과 싸워 이겨야 하는 수고를 포기한 사람들은 부끄러움에 처하게 된다. 다른 수천만의 사람들도 우리가 겪는 것과 똑같은 유혹들을 겪고 있다는 사실을 잊지 말라.

우리는 마귀가 주께 제시했던 세 가지 유형의 유혹을 살펴보았다. 우리는 "시험에 들지 않게 깨어 기도하라"는 주님의 권면을 항상 기억해야 한다. 하나님의 아들은 우리가 쉽게 기도할 수 있도록 모든 대가를 치르셨다. 우리는 집중력이나 재능, 이치가 아니라 주의 구속을 근거로 기도한다.

: Chapter 7 :

주님의 변모와 우리의 비밀

- 주님의 자세눅 9:28 – 기도는 언제나 변모시킨다.
- 제자들의 자세눅 9:32 – 자연적인 것은 잠들어야 한다.
- 주님의 면모눅 9:29 – 성육신하기 전의 영광
- 제자들의 면모눅 9:32 – 실체를 대하면서
- 주님을 방문한 자들막 9:4 – 영광 받으신 분과의 대화
- 제자들의 주목눅 9:32 – 그들이 주의 영광과 동반자들을 봄
- 주님의 관심눅 9:31 – **영광의 주제theme인 주님의 죽으심**
- 제자들의 놀람막 9:5-6 – 정신 나간 제안들
- 전능하신 하나님의 설명눅 9:35 – **하나님의 성육신**
- 제자들의 경외눅 9:34 – **하나님의 말씀**

앞서 언급했듯이, 기독교 심리학이란 기독교 문화에 물든 인간의 속성에 대하여 연구하는 것이 아니라 '내 안에 계신 영광의 소망이신

그리스도'의 신비함과 놀라움에 대하여 이해하려는 노력이다. 예수 그리스도는 우리가 헤아릴 수 있는 것보다 훨씬 더 심오하신 분임에 틀림없다. 그러나 우리는 죽을 육체를 통하여 나타나야 하는 새 생명의 특성들을 알기 위해 주님을 연구해야 한다.

사도 요한의 복음서는 주님의 변모에 관하여 언급하지 않지만 예수 그리스도의 지극히 높은 영광의 관점에서 주님의 삶을 기록하고 있다.

성경의 계시는 주님을 한 사람의 개인이 아니라 온 인류를 대표하는 분으로 본다. 세례를 받으실 때 주님은 죄를 담당하는 소명을 받아들이셨다. 그때 성령께서 '인자'이신 주님께 내려오셨고 하늘로부터 주님을 인정하시는 하나님의 음성이 들렸다. 후에 주님께서 변화산에서 변모하실 때 하나님의 음성이 다시 들렸다. 세례와 변모의 사건은 주님이 누구신지를 계시해준다. 그리스도인의 비밀은 예수 그리스도의 완벽한 신성을 아는 것이다.

이 땅에서의 주님의 사역 중 변모 사건은 실제로 그 중간에서 발생하고 주님의 승천으로 완성된다. 만일 죄가 들어오지 않았다면 십자가와 부활 없이 변모와 완성이라는 두 봉우리만 있었을 것이다. 이 봉우리는 인간의 생명이 어떻게 발달할 것인지를 묘사한다. 그러나 인간은 타락하였고 죄는 실제가 되었다. 그러므로 십자가와 부활은 죄를 다루기 위해 반드시 필요하며, 이 두 봉우리는 모든 인간들을 위한 구속의 발판을 마련하였다.

주님의 자세

"이 말씀을 하신 후 팔 일쯤 되어 예수께서 베드로와 요한과 야고보를 데리고 기도하시러 산에 올라가사"눅 9:28.

주님의 말씀에 의하면, 기도는 하나님의 실체가 인간의 삶에 접목되는 지점이다. 위로부터 거듭나기 전까지 솔직히 기도라는 것은 단순한 종교 행위일 뿐이다. 그러나 주님의 가르침 및 개인의 삶에서 기도는 노동으로 간주되었고 주님이 떠나신 후에도 성령에 의하여 노동으로 강조되었다요 14:12-13. 하나님의 아들이 인자로서 하신 기도는 놀라울 정도로 의미가 깊다. 기도가 전능하신 하나님과 인자 간의 최고의 교통이라면, 우리의 삶에서 기도란 어떤 역할을 해야 하는 것일까? 종종 우리는 기도를 단지 하나님의 사역에 동참하는 방법으로 여긴다. 그러나 주님의 관점에 의하면, 기도는 하나님과의 바른 관계에 있는 주의 자녀들이 모든 구체적인 일들 속에서 완벽하게 순종하며 하나님과 최고의 교통을 나누는 것이다. 기도는 우리를 개발하기 위한 것이 아니라 새 출생 후에 우리 안에 거하시는 하나님의 생명을 자라게 하는 것이다.

제자들의 자세

"베드로와 및 함께 있는 자들이 깊이 졸다가 온전히 깨어나 예수의 영광과 및 함께 선 두 사람을 보더니"눅 9:32.

자연적인 것들은 잠들어야 한다. 만일 주 예수 그리스도가 누구신지 알고자 한다면, 우리는 위로부터 거듭나 새로운 왕국으로 들어가서 자연적인 지혜가 아닌 하늘의 능력으로 분별해야 한다. 자연적인 것은 죄악된 것도 아니고 영적이지도 않다. 하나님의 구속이 죄의 문제를 해결하였고 우리를 죄로부터 구원하였다면 자연적인 것은 희생되어야 한다. 시므온이 예수님의 어머니께 말하였다. "또 칼이 네 마음을 찌르듯 하리라"눅 2:35. 이는 죄 때문에 마음이 찔리는 것이 아니다. 마리아는 하나님의 아들의 자연적인 어머니였다. 하나님의 아들이 인류에게로 들어오는 놀라운 과정에서, 마리아는 인간의 속성을 대표한다. 자연적인 것은 승화되어야 하고 영적인 것에 순복되어야 한다. 자연적인 것은 그 자체를 내세워서는 안 된다.

인류의 대표자 아담은 순종에 의해 자연적인 생명을 영적인 생명으로 바꾸어야 했다. 그는 땅과 바다와 하늘의 모든 생명을 다스릴 수 있었지만 자신만은 다스려서는 안 되었다. 하나님이 그를 다스리도록 되어 있었고, 그가 하나님께 순종함으로써 그의 자연적인 생명은 영적인 생명으로 변할 수 있었다.

아담은 예수 그리스도처럼 온 인류를 대표하였다. 만일 아담이 계속적인 자유의지적 선택 가운데 순종으로 그의 순진함을 거룩으로 승화시켰다면 인류의 변모는 적절한 때 발생하였을 것이다. 그러나 아담은 불순종하였고, 죄성이라는 자아실현의 성향이 인류에게 들어왔다. 즉, 스스로 자신의 하나님이 되려고 했던 것이다. 이 성향은 수

천만 가지로 역사한다. 우아한 도덕성 안에서도, 끔찍한 비도덕적인 일들 가운데서도 역사한다. 그러나 그 뿌리는 다 같은 한가지로, 자신에 관한 권리 주장이다. 이 성향은 주님 안에는 전혀 없었다. 자아의지, 자아주장, 자아추구는 주님 안에 없었다. 하나님과 바른 관계를 맺게 되면, 우리는 아담이 가졌던 본래 위치로 돌아갈 뿐 아니라 아담이 가져보지 못하였던 연합의 관계로 나아가게 된다. 즉, 그리스도의 몸에 연합하는 위치까지 간다. 이때 하나님은 우리가 하나님의 자녀다워질 수 있도록 여러 사항들을 요구하신다.

우리는 처음에 하나님의 초자연적인 은혜에 의해 구원을 받았고 거룩하게 되었다는 사실을 의식한다. 우리가 구원을 받고 거룩하게 되기 위해 하나님께서 우리에게 요구하시는 것은 아무것도 없다. 그러나 구원 받고 거룩하게 된 이후에 하나님께서는 우리에게 요구하기 시작하신다. 하나님은 주의 독생자에게마저 요구 사항을 면하게 해주지 않으셨다. 그뿐 아니라 그 독생자가 마귀에게 시험 받도록 광야로 인도하셨다. 말하자면, 예수께서 세례를 받으시고 성령께서 주님 위에 내려오시자 하늘 아버지께서는 보호의 손을 거두시고 마귀로 하여금 최악을 행하도록 내버려두신 것이다. 마찬가지로 어떤 사람이 구원 받아 거룩하게 되면, 그때부터 성도의 삶이 본격적으로 시작된다. 그러면 하나님께서는 그로부터 손을 떼시고 세상과 육체와 마귀가 최대의 악을 행하도록 내버려 두신다. 그러나 하나님은 "너희 안에 계신 이가 세상에 있는 자보다 크심이라"요일 4:4는 사실을 확신하신다.

하나님의 아들이 우리의 오랜 인간의 속성 안으로 태어났다는 사실을 잊으면 문제가 발생한다. 우리가 여섯 살이든 예순 살이든 인간적 속성은 수천 년 동안 인간을 통해 내려온 것이다. 예수 그리스도께서는, 하나님은 인간의 속성에 따른 덕스러운 사람들도 아니고 오랜 세월에 걸쳐 쌓은 현명한 지혜를 소유한 자들도 아닌 '갓난아이들'에게 하나님의 계시를 허락한다고 말씀하신다. 주님의 말씀은 오직 위로부터 거듭난 자들에 의해서만 이해될 수 있다. 또한 주님께서는 오직 거듭난 자들에게만 자신을 계시하신다. 예수 그리스도의 교회는 이 두 가지 사실 곧 예수 그리스도가 누구인지에 대한 하나님의 계시, 그리고 그 계시를 공적으로 고백하는 자들 위에 선다마 16:13-19.

주님의 용모

"기도하실 때에 용모가 변화되고 그 옷이 희어져 광채가 나더라"눅 9:29.

주님은 성육신하시기 위해 주의 영광을 내려놓으셨다. 변모는 그분의 영광을 다시 보여준다. 예수님의 깊게 숨겨진 속성은 완벽한 신성이었다. 세상이 창조되기 전에 아버지와 함께 영광을 누리실 때의 그 깊게 숨겨진 예수님의 속성이 갑자기 변화산 위에서 터져나왔다. 예수님의 속성은 하나님과 사람이 완전히 하나 된 상태를 보여주었다. 하나님은 아들 안에서 성육신하셨던 것이다. 사도 요한은, 예수 그리스도의 위격을 분석하고 분해해 보려는 경향은 적그리스도에게 속한 것이라고 주장한다요일 4:1-3.

오늘날 주님에게서 성육신하기 전의 신적인 영광을 제거하려는 경향이 있다. 분석하여 예수님의 위격을 분해하려는 시도들이 많다. 사람들은 성령을 따라 주님 알기를 거부하고 자신들의 논리로 주를 알아보려고 한다. 바른 교훈을 아는 시금석은 그 교훈이 예수 그리스도에 관해 무엇을 말하는지를 아는 것이다. 아무리 멋지고 훌륭하게 들리는 교훈일지라도 그 중심 내용이 예수 그리스도를 보좌에서 밀어내는 것이라면 분명히 잘못된 가르침이다.

제자들의 면모

> "베드로와 및 함께 있는 자들이 깊이 졸다가 온전히 깨어나 예수의 영광과 및 함께 선 두 사람을 보더니"눅 9:32.

변화산 위에서 제자들이 예수 그리스도와 함께 있었다. 베드로는 그의 서신을 통해 그때의 장면을 기록하고 있다. "우리는 그의 크신 위엄을 친히 본 자라"벧후 1:16. 예수 그리스도는 베드로와 같은 수준의 동료가 아니시다. 그분은 완벽한 왕 중의 왕이시다. 사도 요한도 요한계시록을 통해 변화산에서 보이신 최고의 예수 그리스도의 놀라운 위엄을 계시한다. 제자들은 이제 잠에서 충분히 깨어났으며 얼굴과 얼굴로 그 실체를 대하고 있다.

지적인 생각과 이성으로는 결코 실체를 접할 수 없다. 그것들은 생명의 도구들일 뿐, 생명 자체는 아니기 때문이다. 실체를 접할 수 있는 유일한 기관은 양심이다. 성령은 언제나 양심을 먼저 다루신다. 지식과 감정은 인간을 표현하는 수단으로서 성령께서 양심을 다루신 후에 따라온다.

제자들은 변화산에서 내려와 마귀가 가득한 계곡으로 내려갔다. 그들이 산에서 본 것을 이해할 수 있었던 때는 예수님의 십자가와 부활 사건이 지난 후였다. 그들이 산에서 본 것은 현실적인 삶의 체험으로 나타나야 했다. 오직 우리 안에 계신 성령에 의하여 우리는 예수 그리스도가 누구신지를 안다. 즉, 성령을 따라 주를 아는 것이다. 성령은 우리가 주님이 누구신지를 알 때까지 우리에게, 그리고 우리 안에서 주 예수를 영화롭게 하신다. 마침내 우리는 "하늘과 땅의 모든 권세를 내게 주셨으니"라고 말씀하신 주님의 지극히 높은 위엄이 무엇인지를 알게 된다마 28:18. 우리의 지능이나 이성으로는 주의 위엄을 알아낼 수 없다. 오직 하나님의 보혜사이신 성령이 실제로 증거해주실 때에만 알 수 있다. 제자들이 예수님을 실제로 알기 위해서는 부활하신 주님께서 먼저 그들에게 살리시는 영을 부여하셔야만 했다눅 24:16,31. 우리가 주를 알 수 있는 유일한 길은 오직 성령으로만 가능하다.

주님을 방문한 자들

"이에 엘리야가 모세와 함께 그들에게 나타나 예수와 더불어 말하거늘"막 9:4.

예수님께서 성육신하시기 전의 충만한 영광으로 서 계실 때, 구약 언약의 두 대표자가 나타나 예루살렘에서 예수님께 이루어져야 할 일들에 대해 대화를 나누었다. 그 후 주님은 그 영광을 뒤로 하시고 다시 산에서 내려와 악령 들린 소년으로 상징되는 타락한 인류와 하나가 되셨다. 만일 주께서 변화산에서 변모하신 후 곧바로 성육신하시기 전의 영광으로 돌아가셨다면, 주님은 인류를 그대로 내버려 둔 셈이 되었을 것이다. 그러했다면 주님의 생애는 단지 최상의 이상적인 삶으로 인류에게 남았을 것이다. 사실, 예수 그리스도의 생애를 이상적인 삶으로 보는 사람들이 많다.

"그분의 교훈은 참 좋았지. 우리는 속죄와 관련될 필요가 없고 사도 바울이 말한 십자가의 거친 교리와도 관계가 없지. 십자가의 도를 개인적으로 적용할 필요는 더더욱 없구. 우리에게는 산상수훈만 있으면 되지."

나는 이러했을 것이라고 생각한다! 만일 예수 그리스도가 오직 우리의 삶의 본이 되기 위해서만 오셨다면, 주님은 인류에게 가장 큰 고통을 주는 존재가 되었을 것이다. 그러나 주님께서 이 땅에 오신 주요 목적은 교훈 및 삶의 본이 되시는 것이 아니라, 우리를 완전히 새로운 나라로 들어올리시고 주의 가르침대로 행할 수 있는 새로운 생명을 우리에게 부여하시기 위한 것이다.

제자들의 주목

"베드로와 및 함께 있는 자들이 깊이 졸다가 온전히 깨어나 예수의 영광과 및 함께 선 두 사람을 보더니"눅 9:32.

제자들은 변화산에서 발생한 모든 사건들을 자신들의 눈과 귀로 목격하였다. 변화산 사건과 겟세마네 사건은 제자들이 절대로 이해할 수 없는 사건임에도 불구하고 그들이 그 자리에 증인들로 있었다는 것이 참으로 기묘하다. 우리는 베드로 서신과 요한의 복음서에서, 예수님께서 그들을 데리고 변화산으로 가신 이유를 찾아볼 수 있다. 기독교의 믿음은 신이 된 사람이 아니라 전능하신 그리스도 안에 서야 한다.

주님의 관심

"영광 중에 나타나서 장차 예수께서 예루살렘에서 별세하실 것을 말할새"눅 9:31.

변화산 위의 방문자들인 모세와 엘리야는 전능하신 하나님의 위엄과 영광 가운데 있는 예수님과 대화를 나누었다. 그런데 이들이 나눈 대화는 주님의 영광이 아니라 죽음에 대한 것이었다. 대화 내용이 영광의 장면과 너무나 대조되지 않는가? 그들의 관심은 전부 주 예수님의 죽음에 관한 것이었다. '죽음'이라는 단어는 '사건'issue이라는 의미를 가진다. 그들은 예수님께서 주의 죽음을 통하여 이루실 사건에 대하여 말하였다. 즉, 하나님의 인류의 구속 계획이 어떻게 역사 가운데 나타날지에 대한 사건을 이야기한 것이었다.

인류의 구속이란 모든 사람이 반드시 구원을 받게 되는 것을 의미하지 않는다. 구속은 모든 사람에게 적용될 수 있지만 각 개인에게 적용되는 데 인간의 책임이 따른다. 예수 그리스도는 주의 구속을 적극적으로 무시하거나 거절하는 사람들에게 영원한 멸망이 있을 것을 강조하셨다.

예수 그리스도는 또 다시 주의 영광을 내려놓으셨다. 변화산 위에서 내려와 예루살렘에서 죽음을 치르셨다. 어떤 목적으로 이렇게 하셨는가? 예수 그리스도께서 십자가상에서 이루신 일로 인해 누구든지 아무런 두려움 없이 하나님께 직접 나아갈 수 있도록 하기 위함이다. 이것이 인간의 체험 가운데 구속이 나타내는 가장 위대한 효과이다. 주님의 죽음은 순교자의 그것이 아니다. 그것은 온 인류를 하나님께로 돌아오도록 하여 하나님과 완전한 하나가 되도록 하시려는 하나님의 찢겨진 마음을 보여준다.

예수님의 죽음은 우리가 주께서 사셨던 생명으로 들어가는 유일한 입구이다. 주님께서 사셨던 삶을 칭송하고 본받는다고 해서 주의 생명을 얻을 수 있는 것은 아니다. 주님의 삶은 너무나 순결하고 거룩하여 그러한 삶을 살려고 하는 사람들에게는 절망만 남긴다. 우리는 주의 죽음을 수단으로 주의 생명으로 들어간다. 성령이 우리를 영적으로 사로잡기까지는, 예수 그리스도의 죽음을 중요하게 느끼지 못한다. 또한 성경이 왜 주님의 죽음에 대하여 그렇게 많이 언급하는지 의아해 한다. 예수 그리스도의 죽음은 언제나 구원 받지 못한 자연인들에게는 수수께끼이다.

바울이 "내가 너희 중에서 예수 그리스도와 그의 십자가에 못 박히신 것 외에는 아무것도 알지 아니하기로 작정하였음이라"고 말한 이유는 무엇인가?고전 2:2. 예수님의 죽음이 바울의 말처럼 주의 생명으로 들어가는 입구로서의 의미가 없다면, 부활도 우리에게 아무런 의미가 없게 되기 때문이다. 예수님의 삶이 완벽한 인간의 삶의 멋진 본이라고 해도 우리에게 무슨 소용이 있겠는가? 사람이 이루기에는 전혀 불가능한 예수 그리스도의 흠 없는 거룩한 삶을 사람들에게 제시한들 무슨 소용이 있겠는가? 이는 우리를 약올리는 것 밖에 되지 않을 것이다. 예수 그리스도께서 우리 안에 완전히 새로운 성향을 넣으실 수 없다면, 우리에게 그분이 사셨던 놀라운 삶을 생각해보는 것은 아무 소용이 없다. 구속에 의해 주어진 계시는, 하나님께서 우리에게 새로운 성향을 넣어주실 수 있기에 그 성향으로 우리는 완전히 새로운 삶을 살 수 있다는 것이다.

이제 우리는 주께서 33년의 생애를 사신 이유를 알 수 있다. 주께서는 십자가를 통해 사람들이 생명을 얻을 수 있는 입구를 마련하시기 전에 하나님께서 표준으로 삼으시는 사람의 삶을 보여주신 것이다. 예수님의 삶은 우리의 죽음 후가 아니라 지금 이 땅에서 실제로 살아야 하는 삶이다. 죽음 이후에는 그러한 삶을 살 기회를 잃기 때문에, 우리는 이곳에서 주님의 삶을 살아야 한다. 주님의 죽음은 순교자나 성인군자의 죽음이 아니다. 주의 십자가는 하나님의 십자가로서 사람이 완전히 새로운 생명으로 들어갈 수 있는 곳이다. 예수님의 생명으로 들어가는 길은 주님을 흉내 내는 길이 아니라 그분의 십자가에 일치되는 길이어야 한다. 이것이 위로부터 거듭난다는 의미이다. 주님의 생명이 우리에게 들어옴으로써, 우리는 주의 생명으로 들어간다.

그리스도를 흉내 내라는 교훈처럼 황당한 교훈은 없을 것이다. 주를 따라 몇 발자국을 떼기도 전에 벌써 예수님 안에는 전혀 없었던 정욕, 교만, 시기, 질투, 미움, 악, 분노 등이 마음속에서 발생하기 때문이다. 그러면 우리는 좌절하게 되고 주님처럼 사는 것은 불가능하다고 말하게 된다.

만일 예수 그리스도께서 인류에게 삶의 모범을 교훈하러 오셨다면 차라리 그분은 이 땅에 오지 않으시는 편이 나았을 것이다. 그러나 거듭남으로 주님을 구세주로 먼저 안다면, 우리는 주께서 삶의 교훈만을 위하여 오신 것이 아님을 알게 된다. 그분은 그분께서 교훈하신 대로 우리가 살 수 있도록 우리를 만들기 위하여, 우리를 하나님의 자녀로 만들기 위하여 오셨다. 즉, 우리에게 올바른 성향을 주시기 위하여 오셨지, 단지 못된 근성을 가져서는 안 된다고 교훈하기 위해 오신 것이 아니다. 주님이 주시려는 모든 축복으로 들어가는 길은 주님의 죽음을 수단으로 하는 길 밖에 없다.

거듭남이 없이 단지 기독교의 교훈에 익숙해지는 모습은 실제가 아닌 것에 포장만 하는 식이다. 예수 그리스도의 삶은 표준이며 우리는 주님의 죽음을 수단으로 주의 생명을 받는다. 주님의 교훈은 우리 안에 계신 주의 생명에게만 적용된다는 사실을 기억할 때, 주의 죽음이 강조되는 이유가 설명된다. 우리는 그리스도를 선포할 때 주의 탄생이 아니라 십자가를 내세운다. 그러면 부활 생명의 능력과 기이함을 체험하게 된다.

제자들의 놀람

> "베드로가 예수께 고하되 랍비여 우리가 여기 있는 것이 좋사오니 우리가 초막 셋을 짓되 하나는 주를 위하여, 하나는 모세를 위하여, 하나는 엘리야를 위하여 하사이다 하니 이는 그들이 몹시 무서워하므로 그가 무슨 말을 할지 알지 못함이더라" 막 9:5-6.

베드로는 무슨 말을 할지 알지 못했다. 그런데 왜 말을 했을까? 당신도 말하지 말았어야 할 말을 했던 경험이 있을 것이다. 만일 예수 그리스도가 누구신지에 대한 숨막히는 위대한 비전을 본 후에 육체의 힘으로 일상생활에서 그 비전을 이루고자 할 때, 우리도 베드로가 하였던 똑같은 실수, 곧 정신이 몽롱한 상태에서 헛소리를 하게 될 것이다. 그러나 훗날의 베드로의 서신들을 보면, 정신이 나간 듯이 흥분한 내용들은 없다. 베드로는 서신을 쓸 즈음에 이미 자신에 대한 허상을 다 제거하였음이 틀림없다. 그는 주의 죽으심을 보았으며 그것과 일치되는 과정을 통과하였다. 부활하신 주님으로부터 성령을 선물로 받는 체험을 한 후 베드로가 말한다.

"우리는 지금 흥분 상태가 아니다. 거룩한 산에서 주님과 함께 있었고 주의 위엄을 목격하였다."

오늘날 완전 성결의 비전과 성령 세례의 비전이 이미 현실 속에서 실현된 것으로 오해하는 사람들이 많다. 현실 속에서 비전의 실현은 현실 그대로 닥쳐보아야 안다. 실체는 현실 가운데서 그 실체를 그대로 드러낸다. 예수님께서 귀신 들린 소년을 고치셨을 때 제자들은 주님께 여쭈었다.

"저희는 어찌하여 능히 그 귀신을 쫓아내지 못하였습니까?"막 9:28.

예수님께서 제자들에게 대답하셨다.

"기도 외에 다른 것으로는 이런 일을 이룰 수 없다"막 9:29.

이는 예수 그리스도께 영적으로 집중하지 않고는 이러한 능력이 나타날 수 없음을 의미한다. 우리도 제자들처럼 아무 능력이 없다. 주님의 능력에 집중하는 대신에 자신의 기질로부터 나온 생각으로 하나님의 일을 하려고 하면 아무 능력이 나타나지 않을 것이다.

하나님이 당신에게 주신 멋진 비전들을 실체로 오해하지 말라.

그러나 비전이 당신에게 주어지면 당신은 그 비전을 실체로 만들 수 있도록 현실이라는 계곡으로 인도함을 받게 될 것이다. 우리는 산꼭대기에 머물도록 지음 받지 않고 계곡에서 수고하도록 지음 받았다. 예수 그리스도가 누구신지를 영적으로 깨닫는 영광스러운 변화산 정상의 시간을 주신 하나님께 감사하라. 그러나 우리는 예수 그리스도의 실체의 빛을 본 이후에 계곡으로 내려와 이 땅의 모든 현실을 직면해야 한다. 그렇게 하고 있는가? 혹시 현실을 직면하게 되면 당황하면서 주님을 향하여 가졌던 믿음을 잃어버리는 것은 아닌가?

예수님께서는 "내가 너를 위하여 장소를 예비하러 간다"고 하시면서 십자가로 가셨다. 주님은 우리를 주의 십자가를 통하여 멋 훗날이 아니라 지금 "그리스도 예수 안에서 함께 하늘에 앉히셨다"엡 2:6. 십자가는 어느 한쪽으로 통과하여 다른 한쪽으로 나오는 것이 아니다. 십자가를 통하여 생명으로 들어가면 그 생명에 영원히 거하게 된다. 그 생명의 특징은 하나님을 향하여 깊고 심오한 희생적 삶을 사는 것이다. 우리는 성령의 능력에 의하여 주님이 누구신지 알고 주님 안에서 강한 확신을 갖는다. 주님과의 실제적인 관계는 우리의 일상적인 삶의 현실 속에서 항상 역사한다.

전능하신 하나님의 설명

"구름 속에서 소리가 나서 이르되 이는 나의 아들 곧 택함을 받은 자니 너희는 그의 말을 들으라 하고"눅 9:35.

주님께서 세례를 받으실 때 들렸던 것과 똑같은 음성이 다시 들렸다. 하나님께서 강조하며 말씀하신다.

"이는 내 사랑하는 아들이라."

평범한 나사렛 목수로 알려진 이 사람은 전능하신 하나님께서 사람의 생명을 입고 온 분이시다.

"그를 들으라."

우리 중 몇 사람이나 주님을 듣는가? 우리는 언제나 우리가 원하는 것을 듣게 되어 있다. 즉, 우리 안의 성향이 우리가 무엇을 들을 것인가를 결정한다. 예수 그리스도께서 우리의 성향을 바꾸시면, 우리는 주님이 들으시는 대로 들을 수 있는 능력을 갖게 된다.

제자들의 경외

"이 말 할 즈음에 구름이 와서 그들을 덮는지라 구름 속으로 들어갈 때에 그들이 무서워하더니"눅 9:34.

둘러싼 구름이 검어지고 어두워질 때 감사하게도 성도들은 자신들이 단지 "주님 발 앞에 먼지" 밖에 되지 않음을 깨닫는다. 구름 속으로 들어가 두려움에 빠지면 그들은 아무것도 보지 못하고 오직 예수만 보게 된다.

: Chapter 8 :

주님의 고통과 우리의 친교

주님의 운명	주님의 두려움	주님의 헌신
마 26:36-41 ; 4:1-4	마 26:42-43 ; 4:5-7	마 26:44-46 ; 4:8-11
주님의 제자로서의 우리의 운명	주님의 제자로서의 우리의 두려움	주님의 제자로서의 우리의 헌신
마 20:22-23 ; 벧전 2:21	빌 3:10 ; 요 12:27	눅 12:49 ; 골 1:24

"이에 예수께서 제자들과 함께 겟세마네라 하는 곳에 이르러 제자들에게 이르시되 내가 저기 가서 기도할 동안에 너희는 여기 앉아 있으라 하시고 베드로와 세베대의 두 아들을 데리고 가실새 고민하고 슬퍼하사 이에 말씀하시되 내 마음이 매우 고민하여 죽게 되었으니 너희는 여기 머물러 나와 함께 깨어 있으라 하시고 조금 나아가사 얼굴을 땅에 대시고 엎드려 기도하여 이르시되 내 아버지여 만일 할 만하시거든 이 잔을 내게서 지나가게 하옵소서 그러나

나의 원대로 마시옵고 아버지의 원대로 하옵소서 하시고 제자들에게 오사 그 자는 것을 보시고 베드로에게 말씀하시되 너희가 나와 함께 한 시간도 이렇게 깨어 있을 수 없더냐 시험에 들지 않게 깨어 기도하라 마음에는 원이로되 육신이 약하도다 하시고 다시 두 번째 나아가 기도하여 이르시되 내 아버지여 만일 내가 마시지 않고는 이 잔이 내게서 지나갈 수 없거든 아버지의 원대로 되기를 원하나이다 하시고 다시 오사 보신즉 그들이 자니 이는 그들의 눈이 피곤함일러라 또 그들을 두시고 나아가 세 번째 같은 말씀으로 기도하신 후 이에 제자들에게 오사 이르시되 이제는 자고 쉬라 보라 때가 가까이 왔으니 인자가 죄인의 손에 팔리느니라 일어나라 함께 가자 보라 나를 파는 자가 가까이 왔느니라"마 26:36-46.

"그때에 예수께서 성령에게 이끌리어 마귀에게 시험을 받으러 광야로 가사 사십 일을 밤낮으로 금식하신 후에 주리신지라 시험하는 자가 예수께 나아와서 이르되 네가 만일 하나님의 아들이어든 명하여 이 돌들로 떡덩이가 되게 하라 예수께서 대답하여 이르시되 기록되었으되 사람이 떡으로만 살 것이 아니요 하나님의 입으로부터 나오는 모든 말씀으로 살 것이라 하였느니라 하시니 이에 마귀가 예수를 거룩한 성으로 데려다가 성전 꼭대기에 세우고 이르되 네가 만일 하나님의 아들이어든 뛰어내리라 기록되었으되 그가 너를 위하여 그의 사자들을 명하시리니 그들이 손으로 너를 받들어 발이 돌에 부딪치지 않게 하리로다 하였느니라 예수께서 이르시되 또 기록되었으되 주 너의 하나님을 시험하지 말라 하였느니라 하시니 마귀가 또 그를 데리고 지극히 높은 산으로 가서 천하 만국과 그 영광을 보여 이르되 만일 내게 엎드려 경배하면 이 모든 것을 네게 주리라 이에 예수께서 말씀하시되 사탄아 물러가라 기록되었으되 주 너의 하나님께 경배하고 다만 그를 섬기라 하였느니라 이에 마귀는 예수를 떠나고 천사들이 나아와서 수종드니라"마 4:1-11.

우리는 겟세마네에서의 주님의 고통을 다 헤아릴 수 없지만 적어도 그 고통에 대해 오해해서는 안 된다. 그 고통은 하나님과 인자 Man가 하나가 되어 죄를 직면하며 겪는 고통이다. 주의 십자가가 우리가 져야 하는 십자가와 다른 것처럼, 겟세마네에서 주님이 겪으신 고통은 우리가 겪는 고통과 다르다. 그러므로 우리는 인간적 체험을 통해서는 겟세마네의 고통을 전혀 알 수 없다. 겟세마네와 갈보리는 주님께만 해당되는 유일한 사건으로, 우리를 생명으로 인도하는 문이다. 우리는 겟세마네와 갈보리를 대하면서 성도의 전형적인 체험이 아니라 성도의 삶이 가능하게 된 방법을 살펴보게 된다.

우리는 삼년 전에 주께 있었던 유혹을 고려하면서 겟세마네에서의 고통을 읽어야 한다. 세 가지 유혹에 대응하여, 겟세마네에서는 세 가지 고통이 있다. "마귀가 모든 시험을 다 한 후에 얼마 동안 떠나니라"눅 4:13. 마귀는 다시 돌아와 겟세마네에서 예수님을 유혹하였다. 그러나 다시 패배하고 말았다. 예수 그리스도께서 겟세마네에서 십자가의 죽음을 두려워했다고 설명하는, 그러한 경건의 모양을 한 '신성모독'을 주의하라. 주님의 마음에는 그러한 종류의 두려움이 전혀 없었다. 주님은 십자가를 목적으로 이 땅에 오셨음을 가장 강력하게 언급하셨다마 16:21. 겟세마네에서의 주님의 두려움은 하나님의 아들로서는 전혀 문제가 되지 않았지만 과연 인자로서 주께 맡겨진 소명을 완성할 수 있을까 하는 우려였다. 만일 인자로서 이 소명을 이루지 못하시면 구세주가 될 수 없기 때문이었다.

주님께서는 고통을 나누기 위함이 아니라 고통의 증인이 될 수 있도록 제자들을 데리고 겟세마네에 오르셨다.

주님의 운명

> "이에 예수께서 제자들과 함께 겟세마네라 하는 곳에 이르러 제자들에게 이르시되 내가 저기 가서 기도할 동안에 너희는 여기 앉아 있으라 하시고"마 26:36(마 4:1-4 참조).

인자이자 하나님의 아들 예수 그리스도는 온 인류를 하나님과의 바른 관계로 돌아오게 하기 위해 세상 죄를 어깨에 짊어지셨다. 이러한 이유 때문에 주님은 죄로부터의 회개를 의미하는 요한의 세례를 받으셨다. 세례를 받으실 때 성령께서 비둘기의 형체로 내려오셨고 하늘에서는 "너는 내 사랑하는 아들이라. 내가 너를 기뻐하노라"

눅 3:22라는 하나님의 음성이 들렸다. 주님이 받아들이신 소명은 주님께서 탄생하시기 전에 천사가 나타나 "아들을 낳으리니 이름을 예수라 하라 이는 그가 자기 백성을 그들의 죄에서 구원할 자이심이라"마 1:21라고 했던 선포와 일치된다.

이것이 주님의 운명이다. 그 어떤 사람도 주님과 같은 운명을 가질 수 없다. 즉 구세주가 될 수 없다. 오직 한 분의 구세주만 있으니 곧 주 예수 그리스도시다. 주의 고통의 오묘함은 운명을 성취하는 것과 관련된다. 하나님께서 인류에게 만족하실 수 있는 유일한 가능성은, 온 인류가 하나님의 아들이 사셨던 것처럼 살게 될 때이다. 따라서 하나님께서는 누구든지 성육신하신 그분의 아들을 통해 주께서 사셨던 삶을 살 수 있도록 하셨다.

하나님의 계획은 성령과 사람이 항상 일치하는 것이다. 아담은 성령께서 내재하시도록 창조되었다. 하나님께서는 아담이 계속적인 자유의지적인 순종의 선택을 통하여 그의 순진함을 거룩으로 변화시킬 수 있도록 의도하셨다. 그러나 아담은 이를 거절했다. 대신 그는 마귀와 옳지 않은 관계를 맺었고 죄의 성향을 인류에 끌어들였다롬 5:12.

죄가 들어왔다는 말은 사람의 몸을 성전으로 삼으시던 성령께서 더 이상 사람의 몸에 거하지 않고 떠나셨음을 의미한다. 물론 창조주로서의 하나님의 영이 사람을 떠나신 것은 아니다. '엘로힘'이라는 단어는 육체를 가진 인간과 교통하는 하나님을 지칭할 때 사용된다. 아담이 죄를 범하자 하나님께서 예수 그리스도 안에서 이 땅에 나타나실 때까지 육체로 교통하던 하나님과의 관계가 끊어졌다. 주님이 세례를 받으실 때 성령께서는 인자이신 주님께 임하셨다. 성령의 임하심은 주님께서 주의 소명을 받아들이셨음을 인 치신 것이다. 예수 그리스도는 '엘로힘'을 나타내는, 육체로 나타난 하나님이시다. 따라서 하나님과 사람이 인자의 위격 안에서 하나가 되었다. 하나님의 아들의 어깨에 얹힌 이 세상의 죄가 십자가상의 주님으로부터 성령을 떼어놓았다. 갈보리에서의 예수 그리스도의 절규는 성령이 예수 그리스도께 하시는 절규이다.

"나의 하나님, 나의 하나님, 어찌하여 나를 버리셨나이까" 마 27:46.

이는 아버지를 향한 예수 그리스도의 절규가 아니다. 예수님은 절대로 아버지를 향하여 '하나님'이라고 부르신 적이 없다. 주님은 언제나 하나님을 '아버지'라고 부르셨다. 예수님은 이제 모든 것이 다 이루어진 것을 아시고, "다 이루었다"고 말씀하셨다요 19:30. 이 말씀은 이제 하나님과 인류가 인자의 위격 안에서 영원히 하나라는 뜻이다. 성령은 누구에게든지 임할 수 있게 되었다. 누구든지 성령 안에서 하나님과 진정한 교제를 나눌 수 있게 되었다. 예수님께서 아버지와 나누셨던 실제적인 교통을 우리도 나눌 수 있게 된 것이다. 이러한 교통으로 들어갈 수 있는 유일한 길은 주님의 고통을 통해서이다. 다음 구절은 예수 그리스도에 의하여 구속 받은 인류를 묘사한다.

"우리가 다 하나님의 아들을 믿는 것과 아는 일에 하나가 되어 온전한 사람을 이루어 그리스도의 장성한 분량이 충만한 데까지 이르리니" 엡 4:13.

주님은 하나님께서 의도하셨던 인류가 어떠했는지를 보여주는 '한 사람'이다.

우리는 지금 체험이 아니라 계시를 다루고 있다. 계시는 우리의 믿음이 영양분을 받아 자라날 수 있게 한다. 체험은 우리의 믿음이 올바른 선상에 있도록 격려한다. 계시와 체험을 연결시키는 것은 대단히 중요하다.

주님이 시험을 받으실 때, 사탄의 첫 번째 공격은 물리적인 영역에서 있었다. 그러나 겟세마네에서 사탄이 공격한 대상은 하나님의 아들이신 주님이 아니라 인자이신 주님이었다. 사탄은 하나님의 아들이신 주님은 건드릴 수조차 없다. 오직 인자로서의 주님께만 접근할 뿐이다. 인자이신 주님을 향한 사탄의 마지막 공격은 다음과 같다.

"하나님의 아들로서 성공하도록 하라. 그렇다면 나는 당신을 만질 수도 없다. 그러나 인류 중 한 사람도 구원할 수는 없겠지. 당신의 제자들을 보라. 잠들어 있고 심지어 당신과 함께 깨어 있을 수조차 없다. 이제 십자가에 못 박혀 당신의 몸은 고문을 받고 갈가리 찢겨 고통으로 마비될 것이며 당신의 영혼은 스스로 무엇을 하고 있는지 전혀 깨달을 수 없을 만큼 어두움과 혼동 가운데 처하게 될 것이다. 당신의 모든 인격은 인류의 죄의 무게로 인하여 숨막히고 짓이겨질 것이다. 사람으로서는 절대로 그 과정을 이겨낼 수 없다."

이때 예수 그리스도께서 사탄의 말을 듣고 따랐다면, 십자가는 단지 위대한 순교자의 죽음을 의미했을 것이다. 그리고 우리를 위한 영생의 길은 결코 열리지 않았을 것이다. 그러나 예수 그리스도는 인자로서 십자가를 통과하셨다. 따라서 누구든지 거듭날 수 있는 길이 열렸고 하나님께로 돌아갈 수 있게 되었다. 주를 향한 사탄의 도전은 주께서 인자로서 그 일을 이룰 수 없다는 것이었고, 오직 하나님의 아들로서만 그 일을 이룰 수 있다는 것이었다. 물론 이러할 경우 사탄은 하나님의 아들에게 손댈 수 없었을 것이다. 사실 주님께 임했던 두려움은 십자가에 이르기 전에 죽게 될지도 모른다는 것이었다. 인자로서 주님은 우리를 위한 문을 열기도 전에 죽을 수도 있음을 두려워하셨다. "그의 경외하심두려움을 인하여 들으심을 얻었느니라"히 5:7. 주님은 겟세마네에서 죽음으로부터 구원 받으셨다.

주님께서는 십자가상에서 몸과 마음과 영혼 모두 완벽하게 승리하셨고 자신을 완벽하게 다스리셨다. 몸의 고통이 주님의 마음을 혼미하게 했을까? "아버지 저들을 사하여 주옵소서 자기들이 하는 것을 알지 못함이니이다"눅 23:34. 주님의 마음은 태양 빛처럼 맑은 상태였다. "여자여 보소서 아들이니이다"요 19:26. 주님은 본질적인 인격성, 곧 주의 영 안에서 이미 승리하셨기에 큰 소리로 외치셨다. "아버지여 내 영혼을 아버지 손에 부탁하나이다"눅 23:46.

겟세마네 동산은 전능하신 하나님의 고통이다. 그리스도의 십자가는 인자로서 얻은 놀라운 승리이다. "나의 하나님, 나의 하나님, 왜 나를 버리시나이까?"라고 한 주님의 절규는 빈곤한 상태 속에서 하나님의 아들이 부르짖은 말이 아니다. 그 절규는 예수님 위에 얹힌 죄의 무게에 의해 하나님의 아들로부터 찢겨나가는 성령의 절규이다. 겟세마네는 하나님의 아들이 이 세상의 구세주로서의 운명을 완성하기 위한 고통을 겪은 장소이다. 이제 막이 거두어짐으로써 우리는 주님께서 우리를 하나님의 자녀 삼으시기 위해 무엇을 지불하셨는지를 쉽게 보게 된다.

주님의 제자로서의 우리의 운명

"예수께서 대답하여 이르시되 너희는 너희가 구하는 것을 알지 못하는도다 내가 마시려는 잔을 너희가 마실 수 있느냐 그들이 말하되 할 수 있나이다 이르시되 너희가 과연 내 잔을 마시려니와 내 좌우편에 앉는 것은 내가 주는 것이 아니라 내 아버지께서 누구를 위하여 예비하셨든지 그들이 얻을 것이니라"마 20:22-23(벧전 2:21 참조).

사람의 운명은 그 사람의 성향에 의해 결정된다. 주님의 운명은 주님의 성향에 의하여 결정되었다. 사람의 운명은 그 사람의 성향으로 인해 미리 정해져 있지만, 우리는 어떤 성향에 의해 통치를 받을 것인지를 자유롭게 선택할 수 있다. 우리의 성향은 창조주 하나님에 의해 바뀌어야 한다. 하나님은 우리의 성향을 바꾸시기 위해 주권적인 은혜의 기적으로, 우리를 완전히 새로운 영역으로 인도하실 것이다. 구속이란 예수 그리스도께서 우리에게 새로운 성향을 주실 수 있음을 의미한다. 거듭날 때 성령은 우리 안에 완전히 새로운 성향을 넣어주신다. 우리가 그 성향에 순종하면, 하나님의 아들의 생명이 우리의 죽을 육체를 통하여 나타나게 된다.

어떤 한계 안에서 우리는 선택할 수 있는 능력이 있다. 사람은 거듭나기를 거절할 수 있는 능력이 있다. 그러나 그 누구도 완벽한 자유의지를 가진 사람은 없다. 사람의 의지는 그보다 더 큰 능력을 만나면 항복하게 된다. 이러한 면에서 볼 때 하나님만이 완전한 자유의지를 행사할 수 있는 유일한 존재시다. 한편, 우리 안에 들어오신 성령은 우리의 의지를 자유롭게 하신다. 결과적으로 거듭난 이후에 우리의 순종은 가치 있게 된다. 어쩔 수 없이 하는 순종이 아니라 자발적인 순종이기 때문이다. 구속에 의하여 하나님의 자녀가 된 사람은 불순종할 권한도 갖게 된다. 물론 순종할 능력도 갖고 있다. 우리에게 불순종할 힘이 없다면 순종할 힘도 없다. 죄를 지을 수 있는 힘이 제거된다면, 주님을 향한 순종은 전혀 가치가 없을 것이다.

주의 제자로서 우리의 운명은 예수님처럼 하나님과의 교제를 갖는 것이다. 주께서 받으신 잔과 세례는 누구든지 하나님과 완벽한 하나 됨에 이르는 입구이다. 예수 그리스도는 우리를 구원하시고 거룩하게 하신다. 그러나 그 후 우리가 서게 될 위치는 순종에 따른 아버지의 처분에 따라 달라진다. 구원에 관한 한, 하나님은 사람의 조건을 보지 않으신다. 그러나 구원 이후 주의 성도들이 서게 될 자리는 정도의 차이가 있다. 우리 모두 주의 잔과 세례에 의하여 구원 받지만 각 개인이 취하는 자리는 전적으로 주님을 향한 순종에 달려 있다. 우리는 주님의 잔과 세례에 의하여 거듭난다. 주께서 자신에게 맡겨진 소명을 다 이루셨기 때문에 우리는 거듭날 수 있다. 우리가 거듭나기 위해 따로 치러야 하는 고통이나 고난은 없다. 이 세상에서 그 어떠한 고통과 희생도 우리의 죄를 사할 수 없다. 우리는 오직 주님의 희생을 통해 주님이 거하시는 하나님 나라 백성으로 거듭난다. 그러면 우리는 그곳에서 주님의 발걸음을 따라야 한다.

이제 우리에게는 성령이 계시고 주님의 속성이 있기 때문에 주님을 따를 수 있다. 그러나 우리의 인간적 속성의 힘으로 새 생명의 삶을 살아야 한다고 생각하면 두려움이 앞선다. 우리의 힘으로는 그렇게 사는 것이 불가능하다는 것을 알기 때문이다. 과거의 우리를 생각할 때마다 우리는 흔들린다. 성경은 성령께서 우리 안에 들어오시면 하나님의 모든 명령을 수행하는 것이 가능해진다는 사실을 계시한다. 예수 그리스도는 주의 능력의 성향을 누구든지 원하는 사람에게 주신다. 예수님이 성령을 받은 사람들의 불순종에 대하여 매우 엄하신 이유는, 우리 안에는 주의 명령을 따를 수 있는 주님의 성향이 이미 주어졌기 때문이다. 우리의 옛사람은 우리가 주님의 명령을 따르는 것이 절대로 불가능하다고 말하지만, 예수 그리스도는 가능하다고 말씀하신다. "내가 하였다. 네가 나의 죽음을 수단으로 내 생명으로 들어오면 네 안에서 내가 할 수 있다."

우리에게 없는 생명으로 사는 것은 불가능하고 그러한 노력은 아무 소용이 없다. 그러나 위로부터 거듭나면 우리는 실제로 하나님의 자녀가 된다. 이때 하나님은 그분의 자녀들에게 필요한 사항들을 확실하게 요구하신다. "나를 따르라." 이는 중생한 자녀들을 향한 하나님의 요구이다.

예수님의 생명은 하나님 앞에서 정상적인 삶을 산다. 그러나 위로부터 거듭나지 않았다면 우리는 하나님 앞에서 정상적인 삶을 살 수 없다. 주님께 사로잡히지 않으면 우리는 소명을 이룰 수 없다. 당신은 위로부터 거듭난 후 주님을 따르기 위해 노력하는가? 당신 안에 이루신 일을 당신의 죽을 육체를 통하여 삶 속에서 나타내는가?빌 2:12-13.

구원은 주 예수님의 구속으로 인한 주권적 선물이다. 하나님 앞에서 가치 없는 인생을 살아왔던 많은 사람들이 인자께서 그 소명을 완성함으로써 구원을 받을 것이다. 그들의 삶은 자기중심적인 그릇된 삶이었고 하나님의 아들의 토대 위에 서 있는 삶이 아니었다. 우리의 운명은 하나님께서 우리 안에서 이루신 일을 삶 가운데 이루는 것이다. 이 일을 해내느냐의 여부에 따라 영원한 구원을 얻는 것은 아니지만, 하나님 앞에서 우리의 가치는 이 일을 얼마나 잘 해내느냐에 따라 달라진다. 나아가 하나님 나라에서 우리의 위치도 이 땅에서 이 일을 얼마나 잘 해내느냐에 따라 좌우된다.

주님의 두려움

"다시 두 번째 나아가 기도하여 이르시되 내 아버지여 만일 내가 마시지 않고는 이 잔이 내게서 지나갈 수 없거든 아버지의 원대로 되기를 원하나이다 하시고 다시 오사 보신즉 그들이 자니 이는 그들의 눈이 피곤함일러라"마 26:42-43(마 4:5-7 참조).

제자들은 구속과 관련하여 인류를 대표하고 있다. 겟세마네에서 예수 그리스도를 향해 사탄은 이렇게 조소한다.

"당신은 결코 할 수 없다. 당신의 제자들은 잠들어 있다. 변화산 위에서 당신은 그대로 하늘로 올라갔어야 했다. 그러나 당신이 변화산에서 내려와 인류를 구속하겠다고 선언한 이상, 나는 당신이 그렇게 할 수 없도록 하겠다고 다짐했다."

겟세마네에서 주님이 가지신 두려움은 인자로서의 소명을 감당하지 못하면 인류의 구속이 불가능해지는 것이었다. 주께서 소명을 감당하지 못했다면, 우리는 주님을 인류의 이상형으로는 여길 수 있어도 구세주로는 알지 못했을 것이다.

겟세마네에서 주님이 겪으신 고통은 사람으로서 하나님이 겪는 고통이다. 주님은 사람의 동정심을 원하지 않으셨다. 주님의 고통은 인간의 동정심으로는 그 근처도 갈 수 없는 무한히 깊은 경지의 것이다. 사탄이 승리하는 것처럼 보였기 때문에 어둠이 깊었고, 새 인류를 대표하는 제자들은 예수 그리스도께서 무엇을 하시는지 전혀 이해하지 못하였다. 이때 주님은 기도하셨다.

> "그는 육체에 계실 때에 자기를 죽음에서 능히 구원하실 이에게 심한 통곡과 눈물로 간구와 소원을 올렸고 그의 경건하심으로 말미암아 들으심을 얻었느니라"히 5:7.

주님의 기도는 응답되었고 그분의 마음은 담대함을 얻었다. 십자가상에서 이미 주님의 마음과 정신은 승리 가운데 있었다. 주님께서 어머니와 요한, 자신을 죽이려는 살인자들에게 보여주신 마음과 정신은 이미 그분의 승리를 분명히 보여준다. 이는 주님이 사탄에게 승리하셨음을 보여주지만, 더 중요한 것은 주께서 인류를 구원할 수 있는 승리를 얻으셨다는 점이다. 따라서 인자께서 겪으시고 승리하신 모든 것으로 인해 누구든지 하나님의 존전에 나아갈 수 있게 되었다. 예수 그리스도는 성경이 주장하는 대로 인류의 구속주든지 아니면 헛된 망상가이다. 이에 관한 증거는 각 개인의 체험 속에 있을 수밖에 없다. 하나님께서 당신 안에 하나님의 아들의 생명을 두셨는가? 하나님의 아들의 생명이 당신 안에 형성되고 있는가? 하나님의 아들이 사셨던 삶을 당신도 살고 있는가? 예수 그리스도는 주께서 이 땅에서 사셨던 삶을 당신 안에서도 살 수 있다고 말씀하신다. 그렇다면 당신은 주께서 당신 안에서 이 일을 이루시도록 허락하는가?

주님의 제자로서의 우리의 두려움

"내가 그리스도와 그 부활의 권능과 그 고난에 참여함을 알고자 하여 그의 죽으심을 본받아"빌 3:10(요 12:27 참조).

주님의 제자로서 우리가 두려워해야 할 것은 섬김 가운데 예수 그리스도를 실망시켜 드리면 어쩌나 하는 것이다. 또한 하나님께서 우리에게 허락하신 계시와 그 계시로 인한 믿음의 체험들을 잊으면 어쩌나 하는 것이다. 우리는 예수 그리스도에 관한 그 어떠한 것도 잊지 말아야 한다. 제자로서 우리는 자신의 방식대로 하나님을 섬겨서는 안 되고, 하나님을 위해 무엇을 하겠다고 말해서도 안 된다. 또한 성령 세례를 구하는 이유가 사람들 가운데서 두각을 나타내기 위한 것이 되어서도 안 된다. 예수께서는 "나의 제자가 되기를 원한다면 자신에 대한 권리를 내게 양도하고 매일 네 십자가를 지라"고 말씀하신다마 16:24.

그 누구도 사람으로서 하나님의 십자가를 질 수 없다. 하나님의 십자가는 이 세상을 구속하시는 일이다. 우리가 져야 하는 십자가는 마음과 뜻을 다하여 자신에 관한 권리를 예수 그리스도께 양도하는 것이다. 예수님께서 이 땅에 계실 때 마음을 두신 곳에 우리의 마음도 두어야 한다. 살아가면서 즐거움이든, 과학이든, 어떤 관심이든 이

점을 반드시 명심하라.

'하나님의 아들이라면 이 세상에서 이러한 종류의 일을 하실까? 아니면 이 일은 이 세상의 공중 권세 잡은 마귀가 하는 일인가?'

'이것이 맞을까'라는 내 생각이 아니라 '하나님의 아들이라면 이 세상에서 이런 일을 하실까'를 고려하라. 만일 하나님의 아들이 하실 일이 아니라면 아예 건드리지 말라. 당신이 예수 그리스도를 위해 그릇된 것만 내려놓는다면 더 이상 주님을 사랑한다고 말하지 말라. 당신이 원하는 것을 안 한다고 해서 덕이 되는 것은 아니다! 예수 그리스도는 우리가 '내가 원하는 것'을 내려놓고 주님이 이곳에 계시다면 행하실 일들을 할 수 있기를 원하신다.

우리는 "왜 내 마음대로 하지 말라는 거지? 그것은 나쁜 일도 아닌데!"라고 말한다. 이 얼마나 한심한 말인가! 누군가를 사랑한다면 잘못된 것만 내려놓겠는가? 사랑은 얻는 것이 아니라 희생으로 평가된다. 주 예수 그리스도를 사랑한다면 결코 "왜 그렇게 해서는 안 되는 것이지?"라고 따지지 말라. 주님께서는 단지 "나의 제자가 되려면 그 조건은 이러하다"라고 말씀하신다눅 14:26-27,33.

당신에게 주님은, 당신에 관한 모든 권한을 양도 받을 가치가 있는 분이신가? 우리가 주님께 포기하지 않는 것이 있다면 주께서 그것을 지적하실까? 그렇지 않다. 주님은 우리가 얼마나 간교한지에 대해 아무 말씀도 하지 않으신다. 그러나 때가 되면 우리 스스로 자신의 간교함을 발견하게 된다마 10:26. 제자로서 우리가 두려워해야 하는 것은 주님을 잊으면 어쩌나 하는 것이다. 당신은 과거 어느 때보다 지금 더 예수 그리스도를 아는가?

하나님의 아들의 고통을 통하여 하나님과 바른 관계에 놓이게 되었다면, 이제 당신은 주님을 주와 선생으로 모시고 사는가?요 13:13 ; 눅 6:46. 주님은 당신 몸의 완전한 주인이신가?고전 3:16-17. 우리는 우리 몸의 주인이 되어서는 안 된다. 우리가 두려워해야 할 것은 우리 몸이 성령의 전이라는 사실이다. 우리는 예수 그리스도를 알아야 하고 우리 몸 안에 있는 부활의 능력을 알아야 한다. 우리는 주님과의 사귐 가운데 몸으로 주의 고난을 감당해야 한다.

> "아무든지 나를 따라오려거든 자기를 부인하고 날마다 제 십자가를 지고 나를 따를 것이니라"눅 9:23.

구원과 관련해서는 '만일'이 없지만 제자도의 조건은 다음 구절에 나타나 있다.

> "무릇 내게 오는 자가 자기 부모와 처자와 형제와 자매와 더욱이 자기 목숨까지 미워하지 아니하면 능히 내 제자가 되지 못하고 누구든지 자기 십자가를 지고 나를 따르지 않는 자도 능히 내 제자가 되지 못하리라 … 이와 같이 너희 중의 누구든지 자기의 모든 소유를 버리지 아니하면 능히 내 제자가 되지 못하리라"눅 14:26-27,33.

삶 가운데서 예수 그리스도의 명령과 이 땅의 가장 가까운 사람들과의 관계가 부딪힌다면 그때 당장 주께 순종하라. 우리는 주님의 주장과 다투는 주장을 미워해야 한다. 이러한 미움은 주님을 향한 사랑에 비례한다. 우리는 어떤 희생을 감수하더라도 하나님께 자신을 내려놓아야 한다. 내려놓음은 자기 성찰보다 더 무한한 가치가 있다.

주님의 헌신

"또 그들을 두시고 나아가 세 번째 같은 말씀으로 기도하신 후 이에 제자들에게 오사 이르시되 이제는 자고 쉬라 보라 때가 가까이 왔으니 인자가 죄인의 손에 팔리느니라 일어나라 함께 가자 보라 나를 파는 자가 가까이 왔느니라"마 26:44-46(마 4:8-11 참조).

"이제는 자고 쉬라 그만 되었다 때가 왔도다 보라 인자가 죄인의 손에 팔리느니라"막 14:41. 이는 즐거운 마음으로 하신 말씀이다. 주님은 마귀가 할 수 있는 모든 방해에도 불구하고 인류의 대표자로서 하나님 앞에서 온 인류를 안고 십자가의 절대적 승리를 확신하셨다. 인자로서 주님은 겟세마네에서 고통의 깊이를 다 지나시면서 모든 곳에서 승리를 얻으셨다. 주께서는 사람의 생각과 마음, 그리고 영을 위해 승리하셨다. 인간의 인격을 구성하는 모든 것이 완벽하게 구속된 것이다. 따라서 악한 죄인이든 부자 청년처럼 깨끗한 사람이든 인자에 의해 만들어진 길을 통해 하나님과 함께하는 놀라운 생명으로 들어갈 수 있게 되었다.

"아버지여 내 영혼을 아버지 손에 부탁하나이다"눅 23:46. 이 말씀은 인자의 영, 곧 인자에 의해 대표되는 온 인류의 영이 십자가상에서 하나님께 연결되었다는 뜻이다. "그가 아들이시면서도 받으신 고난으로 순종함을 배워서"히 5:8. 주님은 이미 아들이셨기 때문에 아들이 되는 것을 배울 필요가 없으셨다. 그러나 주님은 사람을 구속하기 위해 사람으로 오셨고 고난을 통해 구속주로서 순종을 배우셨다. 주님의 고통은 우리가 구원을 얻을 수 있게 된 유일한 바탕이고, 우리의 빛과 자유와 즐거움의 바탕이다. 주의 십자가는 누구든지 쉽게 하나님 앞에 나아갈 수 있도록 한다.

주님은 고통 가운데서 하나님의 목적에 헌신하셨다. 예수님의 최고의 순종은 사람의 필요가 아니라 언제나 아버지의 뜻을 이루기 위한 것이었다. 교회는 사람의 필요를 소명으로 삼을 때 길을 잃고 방황하게 된다. 필요는 결코 소명일 수 없다. 필요는 기회일 뿐이고, 소명은 하나님으로부터 와야 한다.

주님의 제자로서의 우리의 헌신

> "내가 불을 땅에 던지러 왔노니 이 불이 이미 붙었으면 내가 무엇을 원하리요"눅 12:49(골 1:24 참조).

"우리 하나님은 소멸하는 불이심이라"히 12:29는 구절처럼, 하나님께서 예수 그리스도의 구속의 효력을 이 땅에 나타내실 때 아픔과 혼란과 재난이 함께 발생한다마 10:34. 인간의 삶 가운데 예수 그리스도의 구속이 효력을 미칠 때 나타나는 처음 현상은 대혼란이다. 인간의 자연 생명으로 하나님 앞에 설 수 있다면 갈보리는 헛소동일 것이다. 이성이 삶의 바탕이라면 성경은 허튼소리일 뿐 아니라 간교하게 꾸며진 이야기가 될 것이다. 또한 구속이 필요 없을 것이니, 예수 그리스도는 단지 순교자이거나 하나님께 얻어맞아 멍들고 고통 받은 사람들 중 하나일 것이다. 우리가 예수 그리스도 없이 하나님 앞에 설 수 있다고 주장한다면, 이는 갈보리가 필요 없음을 증명하는 것과 같다. 아무튼 예수 그리스도가 들어오시면 즉시 혼란이 야기된다. 그 이유는 온 세상의 시스템은 주님의 구속과 반대로 배열되어 있기 때문이다. 하나님의 아들을 죽인 것은 다름 아닌 주님 당시의 세상 시스템, 특히 종교 시스템이었다.

"그리스도의 남은 고난을 … 내 육체에 채우노라"골 1:24.

우리는 구속을 위해 고난을 받는가? 아니다. '그의 몸된 교회를 위해서' 고난을 받는 것이다. 우리는 예수 그리스도의 구속의 토대 위에서 주님의 고난에 동참할 수 있다. 그러나 원하지 않으면 꼭 그럴 필요는 없다. 고린도전서 13장과 마태복음 5장 43-48절은 가장 실천적인 기독교 진리사랑, 나아가 원수 사랑–역주를 담고 있다.

"내게로 오라 … 나의 멍에를 메고 내게 배우라"마 11:28,29. "그 후 가서 나 때문에 다른 사람에게 참으라"살전 5:14. 이 말씀들처럼 당신은 예수 그리스도를 위해 고난을 받은 적이 있는가? 어떤 사람이 당신을 비방했을 때 얼마나 불 같은 분을 냈는지 생각해보라! "그를 생각하라"히 12:3. 굳이 얻어맞을 필요는 없겠지만 애써 맞지 않으려고 할 때 그 타격은 주님께로 간다. 손해를 피하려고 하면 사람들은 그렇게 하는 당신을 잘 했다고 칭찬하지만, 예수 그리스도께서 그 손해를 입게 될 것이다. 그러나 우리가 당하면 주님께서 당하지 않으신다.

우리는 언제나 주님을 위해 2마일을 갈 수 있는 특권이 있다. 그러나 그렇게 하는 것이 결코 우리의 의무는 아니다. 당신은 기꺼이 하나님과 함께 2마일을 더 가겠는가? 온 마음을 다해 주님의 남은 고난을 채우겠는가, 아니면 단지 사람들 사이에서 돋보이는 인물이 되려고만 애쓰겠는가? 예수 그리스도의 구속에 의해 하나님과 바른 관계를 맺게 되었다면, 하나님은 우리가 주의 멍에를 매고 주께 배우기를 기대하신다.

성도의 헌신은 "그리스도의 남은 고난을 그의 몸된 교회를 위하여 내 육체에 채우는"골 1:24 것이다. 물론 구속을 위해 채워야 할 것은 아무것도 남아 있지 않다. 예수 그리스도께서 어떻게 고난 받으셨는가? 사람들이 그분을 오해했기 때문인가, 아니면 핍박했기 때문인가? 둘 다 아니다. 그분이 사람들과 잘 지낼 수 없었기 때문인가? 역시 아니다. 예수님은 오직 한 가지를 위해 고난을 받으셨다. 바로 사람들이 구원 받도록 하기 위함이었다. 예수님은 전능하신 하나님께서 마음껏 주님 안에서 또한 주님을 통해 하나님의 뜻을 다 이루시도록 허락하셨다. 예수님은 '하나님의 뜻에 따라' 고난을 받으셨다.

우리는 어떻게 남은 고난을 채울 수 있는가? 요한일서 5장 16절은 한 가지 방법을 알려준다.

> "누구든지 형제가 사망에 이르지 아니하는 죄 범하는 것을 보거든 구하라 그리하면 사망에 이르지 아니하는 범죄자들을 위하여 그에게 생명을 주시리라 사망에 이르는 죄가 있으니 이에 관하여 나는 구하라 하지 않노라."

남은 고난을 채우는 방법은 중보기도이다. 우리는 기도 시간이 없다고 말한다. 그러나 기도를 위한 시간이 얼마나 필요한지를 이해하고 기도를 위해 가장 중요한 시간을 떼어낼 수 있어야 한다. 기도하는 즉시 우리의 삶 가운데 있던 가시와 찔레가 사라질 것이다. 우리는 사람들을 향해 하나님의 관점을 취하게 될 것이고 더 이상 자신을 지혜롭게 여기지 않게 될 것이다. 중보기도는 다른 사람들에 대한 하나님의 관점에 우리가 연합하는 것을 의미한다. 성도로서 우리의 헌신은 다른 사람들에 대한 하나님의 관심에 자신을 일치시키는 것이다. 하나님께서는 우리의 개인적인 선호에 관심을 두지 않으신다. 그분은 우리가 다른 사람을 향한 주의 관심에 자신을 일치시키기를 기대하신다.

: Chapter 9 :

주님의 십자가와 우리의 제자도

하나님과 죄의 충돌행 2:36	하나님과 사탄의 대립요 12:31-33	하나님과 구원의 중심고후 5:14
자신을 그리스도께 희생으로 드림 롬 12:1-2 ; 마 16:24 ; 눅 9:23	그리스도를 위한 나의 고난 골 1:24 ; 고후 1:5 ; 빌 3:10	자신 안에서의 하나님의 성찬 행 20:24 ; 고전 15:30

계시와 체험에는 차이가 있다. 우리는 그리스도인으로서 체험이 있어야 한다. 우리는 체험할 수 있는 것보다 훨씬 더 많은 것을 믿어야 한다. 예를 들어, 그리스도인은 그리스도께서 지신 십자가를 체험할 수 없지만 십자가를 통한 구원은 체험할 수 있다. 그리스도인은 하나님처럼 성육신을 체험할 수 없지만 중생에 의해 하나님의 생명이 들어오는 것을 체험할 수 있다. 그리스도인은 인격적인 성령의 강

림이 무엇인지 체험할 수 없지만 성령의 내재하심을 체험할 수 있다. 신약의 그리스도인은 모든 생각을 이러한 계시 위에 기초를 둔 사람을 말한다. 그는 하나님의 중생케 하시는 능력을 체험한 후 가장 거룩한 믿음 안에서 그의 사고를 세워나간다.

거듭나지 않은 사람은 그리스도인으로서 생각할 수 없다. 교리를 믿는다고 그리스도인이 되는 것은 아니다. 교리를 강조하는 사람들은 그들의 교리를 향한 믿음을 위해 순교라도 할 것처럼 보인다. 한편, 체험을 강조하는 사람들은 성경의 모든 계시를 체험 중심으로 해석한다. 그러나 교리나 체험 어느 쪽이든 이러한 관점은 편협해질 위험이 있다.

예수 그리스도는 하나님께서 표준으로 삼는 사람의 모습을 보여주기 위해 역사적인 구속의 완성 이외에 33년을 사셨다. 하나님이 원하시는 삶의 표준을 보여주신 주님은, 우리에게 주께서 사신 것처럼 살 것을 요구하신다. 그러나 우리가 어떻게 그렇게 살 수 있을까? 우리는 하나님께서 성육신하신 방법으로 태어나지 않았다. 주님은 이미 존재하시는 신성으로부터 오셨다. 그러나 우리는 죄의 성향을 가지고 태어났다. 우리가 어떻게 주님이 사셨던 그 생명으로 들어갈 수 있는가? 오직 주님의 십자가 밖에는 다른 길이 없다. 흉내를 내거나 맹세하고 의례에 참여하거나 교회 성도가 되었다고 해서 하나님의 생명으로 들어가는 것이 아니다. 중생할 때 주의 생명이 우리에게 들어옴으로써 그 생명에 들어간다. 예수 그리스도의 십자가는 주의 생명으로 들어가는 문이다.

십자가는 사람의 십자가가 아니라 하나님의 십자가이다. 하나님의 십자가는 결코 사람이 체험할 수 없다. 예수 그리스도를 순교자로 말하지 않도록 주의하라. 오늘날 주님을 순교자로 보려는 경향이 많다. 사람들은 주의 삶을 매우 고귀하게 인식하지만, 이러한 관점은 속죄와 십자가를 제대로 다루지 못하고 성경의 위대함과 능력을 무시한다. 주님의 죽음은 순교자의 죽음이 아니라 하나님의 마음이 표현된 사건이다. 인류는 누구든지 주님의 죽음의 문을 통해 하나님과 연합하는 자리에 들어갈 수 있다. 십자가는 이 세상과 영원한 세상의 중심이고 모든 수수께끼의 해답이다.

하나님과 죄의 충돌

"그런즉 이스라엘 온 집은 확실히 알지니 너희가 십자가에 못 박은 이 예수를 하나님이 주와 그리스도가 되게 하셨느니라" 행 2:26.

예수님의 십자가는 죄에 대한 하나님의 심판의 계시이다. 십자가는 순교자의 십자가가 아니라 죄악으로 가득한 인류를 대신하시는 예수님의 대속이다. 십자가는 예수님께 우연하게 발생한 사건이 아니었다. 주님은 십자가를 목적으로 오셨다. 성육신의 모든 목적은 십자가, 즉 "창세로부터 죽음을 당한 어린양" 계 13:8이다. 십자가는 시간을 초월한다. 실제 십자가형은 삼위일체 하나님의 마음의 속성을 역사적으로 계시한 사건이다. 하나님의 속성의 상징적인 그림은 자기 중심적인 원circle이 아니다. 그것은 하나님과 거리가 멀다. 하나님의 속성의 상징적인 그림은 십자가로서 그 팔이 무한하게 펼쳐져 있다.

예수 그리스도의 십자가는 계시이고 우리의 십자가는 체험이다. 만일 우리가 잠시라도 십자가의 기본적인 계시를 무시한다면, 체험이 어떠하든 우리의 믿음은 파선될 것이다. 제대로 된 신앙생활의 기준은 십자가에 대한 바른 이해이다. 우리는 종종 예수님의 십자가를 우리가 짊어져야 하는 유형의 것으로 오해한다. 예수님은 "누구든지 나를 따르려거든 '나의 십자가'를 져야 한다"라고 말씀하지 않으시고 "자기를 부인하고 자기 십자가를 지고 나를 따라야 한다"막 8:34라고 말씀하셨다. 우리가 져야 하는 십자가는 주의 십자가로 인해 하나님께서 정해주시는 특권이다.

우리는 절대로 주님의 십자가를 지도록 부름 받지 않았다. 그럼에도 우리는 20세기의 감정과 감상으로 주의 십자가를 성스럽게 한 후에 그 십자가를 우리가 지는 것이라고 생각한다. 그러면서 주의 십자가를 자신이 지는 것에 대해 매우 고귀하고 슬프게 여긴다. 그러나 쇠못이 박힌 목재 십자가를 지는 모습은 결코 아름답지 않고 오히려 흉측하다. 실제 십자가가 이렇게 흉측한 것이라면 우리는 주님이 지신 십자가는 우리가 지는 십자가보다 더 흉측하다고 생각하는 것인가, 아니면 주님의 손과 발을 찢은 십자가는 우리의 생각만큼 그렇게 무서운 것이 아니라는 말인가?

당신은 십자가에서 하나님께서 죄에 내리신 판결에 동의하는가? 죄와 죄악은 다른 것이다. 죄는 유전이고, 죄악은 우리가 책임져야 할 행위이다. 죄는 우리가 가지고 태어나는 것으로서 스스로 어쩔 수 없다. 죄는 하나님께서 구속 안에서 다루신다. 십자가는 하나님과 죄의 충돌을 계시한다. 우리 속에서 하나님께 속하지 않은 것들을 죽이지 않으면, 그것들은 하나님께 속한 것들을 죽일 것이다. 다른 선택은 없다. 우리 안에서 둘 중 하나는 죽어야 한다. 죄가 죽든지, 아니면 하나님의 생명이 죽어야 한다.

십자가상에서의 죄에 대한 하나님의 심판에 신학적으로 동의한다면, 당신 마음속의 죄에 대해서는 어떻게 생각하는가? 당신은 당신의 생명 속에 있는 죄와 정욕에 대한 하나님의 심판에 동의하는가? 동의한다면 그 순간부터 우리는 죄로부터 구원 받을 것이다. 구원은 죄에 대한 하나님의 판결에 동의하는 문제이고 의지의 문제이다. 당신은 지금 그 판결을 받아들이겠는가? 그렇게 한다면 당신에게는 더 이상 정죄가 없고 예수 그리스도의 구원이 당신의 삶에서 현실이 될 것이다. 그러나 당신의 구원이 손가락을 비롯한 모든 몸을 통해 나타나지 않는다면, 실제로 당신에게는 아무 일도 발생하지 않은 것이다. 이는 종교적 사기이다.

자신을 그리스도께 희생으로 드림

"그러므로 형제들아 내가 하나님의 모든 자비하심으로 너희를 권하노니 너희 몸을 하나님이 기뻐하시는 거룩한 산 제물로 드리라 이는 너희가 드릴 영적 예배니라 너희는 이 세대를 본받지 말고 오직 마음을 새롭게 함으로 변화를 받아 하나님의 선하시고 기뻐하시고 온전하신 뜻이 무엇인지 분별하도록 하라"롬 12:1-2(마 16:24 ; 눅 9:23 참조).

"너희 몸을 산 제물로 드리라." 우리는 거룩하지 않은 것을 제단에 드릴 수 없다. 바울이 말한 '형제들'은 성도들을 의미한다. 위 구절은 거룩의 관점에서 기록되었다. 주님은 십자가에 의해 주의 생명에 들어간 자들에게 말씀하신다.

"자기를 부인하고 자기 십자가를 지고 나를 따르라."

이때 주님은 "죄를 양도하라"고 말씀하지 않으셨다. 누구라도 죄를 양도할 수 있는 방법을 안다면 그렇게 할 것이다. 그러나 주님은 "자기를 부인하라"고 말씀하신다. 이는 "네 자신에 대한 권리를 내게 양도하라"는 뜻이다. 우리의 십자가는 우리가 하나님의 뜻을 행하기 위해 거룩하게 되었다는 사실을 세상 앞에서 보여주는 일이다. 우리는 자신에 대한 권리를 영원히 내려놓았고, 우리가 지는 십자가는 하늘과 땅과 지옥 어느 곳에서든 우리는 주의 것이지 더 이상 내 것이 아님을 나타낸다. 자신의 권리는 우리가 하나님께 드릴 수 있는 유일한 것으로서, 우리는 그것을 주께 드려야 한다. 우리는 자연적 재능들과 소유들을 드릴 수 없다. 그것들은 우리가 받은 것이기 때문이다. 하나님은 우리를 창조하실 때 우리 각자에게 자신에 대한 권리를 주셨다. 그렇지 않다면 우리는 하나님께 아무것도 드릴 수 없을 것이고 아무런 책임도 질 수 없게 된다.

위 구절에서 예수 그리스도는 죄를 다루시는 것이 아니라(죄는 주의 십자가에 의해 다루어졌다.) 자연 생명으로 언급되는 것을 다루신다. 자연 생명은 예수의 어머니 마리아로 상징된 생명으로서 말살시켜야 되는 것이 아니라 희생되어야 한다. 희생이란 우리가 가진 최고의 것을 하나님께 돌려드림으로써 하나님께서 그것을 주님과 우리의 것으로 영원히 만드시는 것이다. 당신은 그러한 희생을 했는가? 성도인 당신은 주님께 자신에 대한 권리를 양도했는가? 주의 구원을 받아들였지만 자신에 대한 권리를 주께 양도하기를 끝까지 거절하고 있는 것은 아닌가? 거룩이란 거룩한 생명을 하나님께서 사용하시도록 따로 구별하는 것과 관련된다.

> "그들을 위하여 내가 나를 거룩하게 하오니 이는 그들도 진리로 거룩함을 얻게 하려 함이니이다" 요 17:19.

우리는 우리의 십자가를 삶의 일반적인 문제나 시련으로 생각하는 경향이 있다. 그러나 문제와 시련은 그리스도인이든 아니든 모두 가지게 마련이다. 또한 양심 때문에 당하는 아픔도 우리의 십자가라고 할 수 없다. 우리의 십자가는 예수 그리스도와 그분의 제자라는 특별한 관계를 맺고 있을 때 우리 앞에 다가온다. 우리의 십자가는 우리가 자신에 대한 권리를 부인함을 보여주는 증거이다.

> "내가 그리스도와 함께 십자가에 못 박혔나니 그런즉 이제는 내가 사는 것이 아니요 오직 내 안에 그리스도께서 사시는 것이라"갈 2:20.

이 구절은 자신에 대한 권리를 예수 그리스도께 양도할 뿐 아니라 뜻을 세워 예수님께서 가지셨던 관심에 우리의 마음을 쏟는 것을 의미한다. 따라서 우리는 이 세상에서 주님과 관련한 것들만 행한다.

이 세상에는 주님과 상관없는 수백 수천의 옳은 것들이 있다. 그 중에는 주님께서 '눈' 또는 '오른손'으로 묘사하는 관계들이 있다. 우리의 오른손은 나쁜 것이 아니다. 우리가 가진 최고의 것들 중 하나이다. 그러나 예수께서는 "그것이 나와 동행하는 것을 방해하면 잘라 버리라"마 5:29-30고 말씀하신다. 대부분의 사람들은 여기서 뒷걸음을 친다. 사람들은 구원 받는 것을 거부하지는 않지만, 주께 자신에 대한 권리를 양도하려고는 하지 않는다.

그리스도인이 가지고 있는 유일한 권리는 자신의 권리를 포기할 권리이다. 예수 그리스도를 위해 내게 좋은 것들을 포기할 의향이 없다면, 우리는 결코 예수님이 누구신지 깨달을 수 없다.

"하지만 내게 합법적인 것들을 어떻게 포기합니까?"

이렇게 항변하며 예수 그리스도를 위해 당신이 가진 최고의 것을 포기할 수 없다면, 다시는 예수 그리스도를 사랑한다고 말하지 말라. 자연적 생명 속에서도 사랑의 대상을 위해 최고의 것을 포기할 줄 아는 것이 사랑의 가장 중요한 속성이다. 그렇지 않다면 그것을 사랑이라고 부르는 것은 우스갯소리이고, 그것은 사랑이 아니라 정욕일 뿐이다. 우리가 예수 그리스도와 교제할 때 주께서 우리에게 요구하시는 것도 바로 '자신의 것을 포기하는' 사랑이다.

만일 우리가 주의 십자가를 통해 중생의 체험에 들어갔다면, 바로 사랑이 제자도의 조건이다눅 14:26-27,33. 제자도와 관련해 항상 '만일'을 주목하라. 제자도에는 절대로 강요가 없다. "누구든지 만일 내게 오려거든 … 이것저것을 미워하라. … 그렇지 않으면 내 제자가 될 수 없다." 당신이 매우 매력적인 사람일 수 있고, 현대 문명에 가장 중요한 사람이 될 수는 있어도 주께서는 당신에게 "너는 내 제자가 될 수 없다"고 말씀하실지 모른다. 구원은 받고도 제자가 아닐 수 있다.

사람들은 항상 제자도를 발로 차버린다. 주님은 죽음 이후의 영원한 구원에 대해 말씀하시기보다 지금 이 세상에서 주님께 가치 있는 존재가 될 것을 말씀하신다. 우리 중 몇이나 예수 그리스도께 가치가 있는가? 우리의 자세는 우리를 구원하신 하나님께 많은 의무를 느끼기보다 자신을 실현할 수 있는 기회들을 더 엿본다. 따라서 자신의 권리를 포기한다는 것은 너무 지나친 요구라고 생각한다. 하나님께 돌려드릴 것은 전혀 신경 쓰지 않으면서 하나님께 받을 것만 계산하는 사람들도 많다.

그리스도께 자신을 드리는 희생은 계시가 아니라 체험이다. 당신은 주님께 자신을 희생하였는가, 아니면 자신이 원하는 여러 가지 때문에 주께 자신에 대한 권리를 양도하기를 거절하였는가?

'내 삶에는 너무나 많은 관심거리들이 있어. 물론 하나님께서는 내가 그 모든 것을 내려놓을 것이라고 기대하지는 않으실 거야.'

감상적으로 '나는 예수님의 제자로서 내 십자가를 지며 살 거야'라고 생각하는 대로, 당신이 실제로 그러한지 가만히 자문해보라. 그러면 당신은 당신이 얼마나 엉터리 제자인지 알게 될 것이다.

영적인 진실함이 참으로 필요한 때이다. 당신은 "내 모든 것을 바치네"라고 찬송하며 그렇게 된 것처럼 느끼지만, 사실은 전혀 그렇지 않기 때문에 어색하다. 중요한 질문은 당신이 하나님께서 조장하시는 상황 가운데서 참으로 당신의 것을 모두 드리는가 하는 것이다. 다 내려놓는 즉시 당신은 주님과 깊게 하나가 되어, 자신이 무엇을 희생하고 있다는 생각조차 더 이상 들지 않게 될 것이다.

하나님과 사탄의 대립

"이제 이 세상에 대한 심판이 이르렀으니 이 세상의 임금이 쫓겨나리라 내가 땅에서 들리면 모든 사람을 내게로 이끌겠노라 하시니 이렇게 말씀하심은 자기가 어떠한 죽음으로 죽을 것을 보이심이러라"요 12:31-33.

이 세상 왕자와 사탄은 유사 용어이다. 사탄은 마귀가 나타나는 것인데, 이에 대해서는 사람에게 책임이 있다. 즉, 사탄은 사람과 마귀의 교제로 말미암은 결과이다창 3장. 주님은 베드로에게 "사탄아 내 뒤로 물러가라"마 16:23고 하셨지 "마귀야 내 뒤로 물러가라"고 하지 않으셨다. 그 후 주님은 사탄을 정의하셨다. "네가 하나님의 일을 생각하지 아니하고 도리어 사람의 일을 생각하는도다." 베드로가 중요하게 생각한 것은 자기연민이었다. "주여 그리 마옵소서. 이 일이 결코 주께 미치지 아니하리이다"마 16:22. 이때 예수께서는 "사탄아 내 뒤로 물러가라. 너는 나를 넘어지게 하는 자로다"마 16:23라고 말씀하셨다. 베드로의 호소는 자기 유익을 바탕으로 한 것이었다. 이 세상 신은 이 기초 위에서 모든 것을 다스린다. 자아실현은 그의 다스림의 가장 중요한 원칙이다.

"그런즉 누구든지 세상과 벗이 되고자 하는 자는 스스로 하나님과 원수 되는 것이니라"약 4:4.

세상은 근원적으로 예수 그리스도를 전혀 고려하지 않고 구성된 시스템이다. 바울은 믿지 않는 자의 눈이 이 세상 신에 의해 가려져 있다고 말한다고후 4:3-4. 자아실현에 기초한 착하고 깨끗하며 올바른 삶보다 더 효과적으로 예수 그리스도를 막는 것은 없다. '사탄적'이라는 것이 꼭 비정상적이고 혐오스러운 것만 의미하지는 않는다. '사탄적'으로 잘 처신해 나가는 사람은 매우 도덕적이고 의로울 수 있지만 결국 교만하고 개인적이다. 그는 절대적으로 독립적이기에 하나님이 필요하지 않다.

이 세상 신은 십자가에서 영원히 심판 받았다. 그리스도의 십자가를 통해 하나님 나라에 들어간다면, 우리는 자아실현을 가지고 들어갈 수 없다. 자아실현은 밖에 버리고 들어가야 한다. 그리스도의 십자가는 하나님과 사탄의 대립을 드러낸다. 자아실현의 성향은 마귀가 우리 안에서 사탄으로 나타난다. 십자가에 들어갈 때 우리는 사탄을 밖에 남기고 들어가야 한다. 사탄은 십자가 안으로 한 발자국도 들어설 수 없다.

그리스도를 위한 나의 고난

"나는 이제 너희를 위하여 받는 괴로움을 기뻐하고 그리스도의 남은 고난을 그의 몸된 교회를 위하여 내 육체에 채우노라"골 1:24(고후 1:5 ; 빌 3:10 참조).

우리는 아무런 이유 없이 세상으로부터 조소를 받고 고난을 당할 수 있다. 이 고난은 그리스도의 그것과 같지는 않지만, 그리스도를 위한 고난이다. 그 고난은 구속을 이루기 위한 고난은 아니다. 구속은 이미 완성되었기에 우리는 구속과 관련하여 아무것도 할 것이 없다. 우리는 "그리스도의 남은 고난을 그의 몸된 교회를 위하여" 채운다. 그리스도의 십자가에 의해 주님과 일치되는 체험을 한 후에, 우리는 마태복음 11장 29절의 내용을 실천해야 한다. "나는 마음이 온유하고 겸손하니 나의 멍에를 메고 내게 배우라." 예수님께 배울 때, 우리는 이해할 수 없는 하나님의 섭리에 '투덜거리지' 않게 된다. 우리는 자기 연민에 빠져 "왜 이런 일이 내게 발생해야 합니까?"라고 질문하지 않게 된다. 예수님께서는 "자기 십자가를 지고 나를 따르라"고 말씀하셨다. 이는 고린도전서 13장을 실천에 옮기라는 뜻으로 온 마음을 다해 다른 사람을 향한 하나님의 관심에 자신을 일치시키라는 말씀이다. 이를 위해 우리는 전인격적인 결정을 내려야 한다.

하나님께서는 우리가 하나님께 보였던 특징을 그대로 보여주는 사람들을 삶의 여정 가운데 만나게 하신다. 즉, 고집 세고 교만하며 위선적이고 편견이 심하며 정욕적이고 모진 사람들을 만나게 하신다. 그리고 하나님은 "이제 내가 너를 사랑한 것같이 그들을 사랑하라"고 말씀하신다. 그 과정은 이러하다.

우리는 우리를 이기려는 사람을 본다. 그러면 우리 안의 모든 논리적인 힘은 내게 "화를 내"라고 말한다. 세상적으로는 그렇게 해야 한다. 그러나 예수 그리스도는 "네가 모욕 받을 때 화를 내지 말아야 할 뿐 아니라 그때 하나님의 아들을 드러내라"고 말씀하신다. 주의 제자란 자신의 명예가 아니라 주님의 명예가 삶에 걸려 있다는 사실을 깨닫는 자이다. 겁쟁이는 무섭기 때문에 받아치지 못한다. 강한 자는 자신이 강하기 때문에 받아치기를 거절한다. 겉으로 볼 때는 둘 다 같은 반응을 보이는 셈이다. 이 부분이 바로 그리스도인이 되는데 지독하게 모독을 당하는 부분이다.

주님은 우리에게 주님과 함께 2마일을 더 가라고 당부하신다. 우리가 한 대 맞으면 주님의 명예를 보호할 수 있다. 우리는 언제나 자신이 손해를 보고 모욕을 당함으로써 예수 그리스도께 그 모욕과 손해가 끼쳐지는 것을 막을 수 있다. 하나님께 완전하게 맡기라. 당신의 자존심이 상할 것이다. 그러나 사람들은 하나님을 탓하지는 않을 것이다. 그들은 단지 당신을 어리석은 사람이라고 생각할 것이다.

부활 후 나타나신 예수 그리스도는 제자들을 변화산으로 초청하지 않으시고 대신 "내 양을 먹이라"고 말씀하셨다. 하나님께서 할 일을 주실 때는, 사람의 자연적 재능에 잘 맞는 일을 주실 때가 거의 없다. 바울은 특이할 정도로 뛰어난 천재였지만 가장 무식한 사람들을 가르치는 데 그의 시간을 보냈다. 우리가 하나님과 사랑하고 있는 증거는, 하나님께서 다른 사람에게 두신 관심에 자신을 일치시키는 것이다. 이 얼마나 자존심이 상하는 일인가! 예수 그리스도는 비참할 정도로 가장 별 볼일 없는 사람들을 구속하시기 위해 그들을 찾아오셨다. 주께서 우리를 주님과 친히 교제할 수 있도록 높이 올리실 때, 주님은 우리가 다른 사람을 향한 주의 관심에 자신을 일치시킬 것을 기대하신다.

하나님과 구원의 중심

"그리스도의 사랑이 우리를 강권하시는도다 우리가 생각하건대 한 사람이 모든 사람을 대신하여 죽었은즉 모든 사람이 죽은 것이라"고후 5:14.

우리는 성별이나 기도나 헌신으로 구원 받지 못하고 오직 예수 그리스도의 십자가로 구원 받을 수 있다. 구원은 하나님의 완벽한 선물로서 거저 주시는 것이다. 그러나 사람들은 하나님이 '하라'고 하신 것을 수백 번 할지라도 주의 구원을 선물로 받으려 하지는 않는다. 구원의 중심은 예수 그리스도의 십자가이다. 구원을 얻는 것이 우리에게 그토록 쉬운 이유는, 하나님께서 우리의 구원을 위해 엄청나게 많은 것들을 지불하셨기 때문이다.

사람이 구원을 체험하는 것이 그토록 어려운 이유는 교만 때문이다. 교만한 사람은 거저 주시는 구원을 받아들이지 않고, 믿지도 않으며, 그것에 관심조차 두지 않는다. 우리는 하나님께서 세상을 구원하시는 것을 체험할 수 없다. 하나님께서 그리스도를 통해 세상을 구원하신 사실은 계시이다. 그러나 우리는 십자가를 통해 주의 구원을 체험하는 자리에 들어갈 수 있다. 십자가는 하나님과 죄악된 인간이 충돌에 의해 합쳐지는 지점이고, 그 지점에서 생명의 길이 열렸다. 이때 충돌은 하나님의 마음에서 발생했다. 따라서 하나님만이 항상 고난을 당하는 분이시다.

자신 안에서의 하나님의 성찬

> "내가 달려갈 길과 주 예수께 받은 사명 곧 하나님의 은혜의 복음을 증언하는 일을 마치려 함에는 나의 생명조차 조금도 귀한 것으로 여기지 아니하노라" 행 20:24 (고전 15:30 참조).

"나의 생명조차 조금도 귀한 것으로 여기지 아니하노라." 바울은 그의 사역을 완성시키는 것 외에 아무런 다른 관심이 없었다. 그는 자신을 꼭 필요로 하는 곳에서 자신을 붙드는 사람들의 재촉에 결코 흔들리지 않았다.

주님의 삶을 살펴보라. 주님은 마을과 도시를 지나면서 사람들에게 꼭 필요한 놀라운 일들을 행하셨다. 그러나 이 땅에서 주님이 사신 삶의 가장 큰 특징은, 예루살렘으로 그분의 얼굴을 확고하게 향하셨다는 점이다. 주님은 자신이 어떤 곳에서 꼭 필요하다고 하여 그곳에 머무신 일이 없으셨다 막 1:37-38. "이제 너는 다른 어떤 곳보다 이곳에서 가장 유용한 존재가 될 것이다"라고 달콤하게 말하는 형제 자매들을 주의하라. 아마도 당신은 그곳에서 유용한 존재가 될 것이다. 그러나 세월이 지나면서 당신은 먹을 수 있는 빵이 아닌 곰팡이 핀 빵이 될 것이다.

우리는 하나님께서 우리를 향해 어떤 목적을 가지셨는지 알 수 없다. 단지 하나님의 성찬, 곧 우리의 평범한 삶을 통해 하나님의 실제 임재를 나타내는 일에 관심을 두어야 한다요 7:37-39. 하나님을 향한 우리의 섬김에 대한 측정은 다른 사람에게 우리가 얼마나 유용한가 하는 것이 아니다. 다른 사람들의 평가나 섬김의 성공에도 상관없다. 단지 우리에게 맡겨진 사역을 이루어 가는지를 살펴보아야 한다.

> "아버지께서 나를 세상에 보내신 것같이 나도 그들을 세상에 보내었고"요 17:18.

주님의 첫째 순종은 사람들의 필요를 채우는 것이 아니었고, 주님이 어디에서 가장 유용한지에 대한 고려도 아니었으며, 오직 아버지의 뜻에 순종하는 것이었다. 우리는 어떻게 하나님의 뜻을 알 수 있는가? 로마서 12장 1-2절에 따라 살아감으로써 알 수 있다. "이 세대를 본받지 말고 오직 마음을 새롭게 함으로 변화를 받음으로써" 우리는 "하나님의 선하시고 기뻐하시고 온전하신 뜻이 무엇인지 분별" 할 수 있게 될 것이다.

: Chapter 10 :

주님의 부활과 우리의 생명

선포된 주님의 부활	주님의 부활과 운명	주님의 부활 신성
막 16:5-8	눅 24:26	요 20:17
우리의 영생 요 20:22	우리가 경험하는 생명 빌 3:10 ; 롬 6:23	우리의 모든 생명 골 3:1-4

　　우리는 언제나 계시로서 받은 진리들과 우리가 하나님의 은혜를 체험한 것들의 차이를 구별할 수 있어야 한다. 우리는 실제 삶 가운데서 하나님의 놀라운 구원과 성결을 체험한다. 그러나 우리는 체험할 수 없는 신적 계시들을 마음과 영혼에 받아들여야 한다. 우리는 예수 그리스도께서 죽음에서 일어나신 부활을 체험할 수 없다. 주님의 운명과 신성도 체험할 수 없다. 그러나 우리는 삶 가운데서 중생케 하는 힘들이 어디서 오는지 이해할 수 있다. 성경은 생생한 체험뿐 아니라 가르침을 받아들이는 마음을 강조한다.

선포된 주님의 부활

"(그들이) 무덤에 들어가서 흰 옷을 입은 한 청년이 우편에 앉은 것을 보고 놀라매 청년이 이르되 놀라지 말라 너희가 십자가에 못 박히신 나사렛 예수를 찾는구나 그가 살아나셨고 여기 계시지 아니하니라 보라 그를 두었던 곳이니라"막 16:5-6.

주님은 죽으시고 장사지냄 받으셨다가 다시 살아나셨다. 위 구절은 놀라지 않을 수 없는 부활의 선포이다. 부활과 관련해 질문이 생긴다면, 그 질문은 거듭남의 필요를 받아들이지 않는 사람들의 마음에서 생긴다. 우리의 일반 상식과 하나님의 책에 기록된 계시 사이에는 언제나 갈등이 있다. 우리는 진리를 찾으려면 혼soul을 잃어야만 한다오스왈드 챔버스의 신학에서 '혼'은 영이 몸을 통해 자신을 드러내는 과정이다. 특히 혼은 이성의 활동으로 세워진다 - 역주. 우리는 위로부터 거듭나서 우리 영 안으로 성령을 받아들인다. 그 후 또 다른 혼, 즉 이성을 다시 세우기 시작한다. 이때 우리는 상식을 통한 사실을 받아들일 뿐 아니라 계시가 말하는 사실도 받아들인다. 사람들은 "보는 것이 믿는 것"이라고 말한다. 그러나 사실은 그렇지 않다. 사람들은 눈으로 보았어도 그것이 가능하다고 믿기 전에는 절대로 믿지 않는다요 20:29.

우리의 영생

"이 말씀을 하시고 그들을 향하사 숨을 내쉬며 이르시되 성령을 받으라"요 20:22.

영생은 주 예수 그리스도의 선물이다. "나를 믿는 자는 영생을 가졌나니"요 6:47. 즉, 영생이란 주께서 이 땅에 계실 때 사람의 몸으로 나타냈던 생명이다. 예수님께서는 "너희 속에 생명이 없느니라"요 6:53고 말씀하신다. 주의 생명은 자연적인 출생으로 우리의 것이 되지 않는다. 오직 주의 십자가를 수단으로 우리에게 주어진다. 주의 십자가는 생명으로 들어가는 문이다. 주의 부활은 이제 주께서 그 생명을 우리에게 전달해줄 수 있는 능력이 있다는 뜻이다요 17:2.

겟세마네에서의 사탄의 총공격은 예수 그리스도께서 인자로서 고통을 감당하지 못하도록 하는 것이었다. 물론 사탄은 하나님의 아들인 그리스도께는 아무것으로도 막을 수 없다. 사탄의 도전은 인자로서의 예수 그리스도께서 고난을 감당하지 못하도록 함으로써 한 영혼도 얻지 못하게 하려는 것이었다. 그러나 사탄은 절망적으로 패하였다. 십자가상에서의 인자의 죽음에 의해 구원의 문이 열렸다. 따라서 누구든지 그 문을 통해 하나님의 존전으로 곧바로 나아갈 수 있게 되었다. 주님은 부활하심으로써 사람들에게 주의 생명을 부여하실 수 있게 되셨다. 사람이 위로부터 거듭날 때, 부활하신 주님으로부터 주님의 생명을 받고 인간의 영은 하나님의 생명이 들어와 소생된다. 이것이 주의 부활을 통한 예수 그리스도의 능력의 놀라움이다. "내가 그리스도와 그 부활의 권능을 … 알고자 하여"빌 3:10.

성령, 구원, 영생은 서로 교환 가능한 용어들이다. '성령'은 지금 이곳에서 인간 안에서 역사하는 '영생'을 체험하도록 하신다. 영생을 현실로 만드는 유일한 길은 예수 그리스도의 당부에 의해 성령이 들어오시는 것이다. 만일 하나님으로부터 우리에게 뭔가가 들어오지 않는다면, 우리의 믿음은 우리를 조롱할 것이다. 그 이유는 하나님의 생명이 들어오지 않고서는 아무것도 우리를 변화시킬 수 없기 때문이다.

성령은 예수 그리스도께서 우리를 위해 하신 일을 우리로 하여금 체험하도록 하는 분이시다. 성령은 속죄를 우리의 체험 가운데 적용하는 능력을 소유한 분이시다. 예수 그리스도는 우리를 구속하시기 위해 오셨다. 즉, 우리를 하나님과의 바른 관계에 있게 하시고, 죽음의 세력으로부터 구원하시며, 하나님 아버지를 나타내시기 위해 오셨다. 우리가 성령을 받을 때, 성령은 예수 그리스도께서 이 땅에 오셔서 하신 모든 일들을 우리 안에서 경험되도록 하신다. 따라서 사람들에게 가장 필요한 것은 성령을 받는 것이다. 인간의 교리들은 성령을 믿으라고 가르친다. 한편, 성경은 우리가 성령을 '받아야 한다'고 말한다눅 11:13.

당신은 무능한 삶을 사는가? 그렇다면 그리스도를 위해 실체에 접하라! 성령 곧 주의 영생을 구하라. 그러면 당신은 죽을 육체를 통해 예수님의 생명을 나타내기 시작할 것이다. 어느 날 우리는 주님의 몸과 같은 몸을 받게 될 것이다. 그러나 우리는 지금 주님의 부활의 효력을 맛볼 수 있다. 우리는 성령을 받을 수 있고, 주의 구원을 경험적으로 알 수 있다.

주님의 부활과 운명

"그리스도가 이런 고난을 받고 자기의 영광에 들어가야 할 것이 아니냐 하시고" 눅 24:26.

예수 그리스도의 고난은 우연한 사건이 아니라 주께서 의도하신 것이다. 주님은 자신의 생명이 많은 사람들을 위한 대속물이 될 것을 알고 계셨다. 세상의 아픔을 모르는 사람들은 소금의 자격을 갖지 못한다. 가장 멋진 사람들은 고통을 아는 자들이다. 한편, 마귀는 그들의 고통을 이용해서 하나님을 비방하도록 한다. 하나님은 오직 한 가지를 추구하시는데, 그것은 많은 자녀들을 영광으로 인도하시는 것이다. 이를 위해 하나님은 어떤 희생을 치르시더라도, 또한 주의 자녀들에게 어떤 희생이 요구되더라도 상관하지 않으신다. 하나님은 죄의 가능성에 대한 책임을 지셨다. 하나님께서 그 책임을 지신 증거는 십자가이다. 하나님은 고통을 아는 분이시지 차가운 경멸 가운데 저 높은 곳에서 다스리는 분이 아니시다.

"그가 아들이시면서도 받으신 고난으로 순종함을 배워서" 히 5:8.

주님은 아들이 되는 것을 배우지는 않으셨다. 그러나 주님은 아들이셨기 때문에, 온 마음을 다해 하나님께 순종할 것을 선택하시고 고난을 받으셨다. 주님의 부활 운명은 "많은 자녀들을 영광으로 이끄시기" 위해 고통을 받으시고 영광에 들어가시는 것이었다.

옳지 않은 것 때문에 긴장하거나 고통을 받지 않도록 주의하라. 구원과 영생은 우리 스스로 어렵게 얻는 것이 아니다. 하나님께서 치르신 대가 때문에 우리는 구원과 영생을 얻는다. 만일 하나님께 나아가는 것이 어렵다고 느낀다면, 이는 우리가 인간적으로 교만하기 때문이다. 어린아이와 같은 단순한 마음으로 나아간다면, 하나님께 나아가는 것이 그렇게 고통스러울 이유가 없다.

우리는 구원에 관한 놀라운 계시를 받고 부활하신 주 예수의 생명을 받는 체험을 할 수 있다. 하나님께 나아가기를 어려워하는 자들에게 절대로 공감하지 말라. 하나님보다 사탄에게 공감을 하는 것은 위험스러울 정도로 쉽다마 16:23. 그 누구도 하나님보다 사람들에게 더 자상할 수 없다. 그러나 우리가 어떤 사람의 완고함을 공감하면서 하나님께서 그를 어렵게 만드신다고 생각한다면, 우리는 하나님을 비방하는 것이다. 사람의 고집이 하나님께 나아가는 것을 어렵게 하는 것이지 결코 하나님께 나아가는 것 자체가 어려운 것은 아니다.

주님은 완전하게 새로운 생명으로 부활하셨다. 그 생명은 주께서 성육신하기 전에는 누리지 않았던 생명이다. 주님은 전에 경험하지 않았던 생명으로 부활하셨다. 예수 그리스도는 완전히 새로운 생명으로 일어나셔서 사람들과 전과는 완전히 다른 새로운 관계를 맺으셨다. 부활로 말미암아 주 예수 그리스도는 주님의 운명을 누구에게든지 나누어줄 수 있는 권리를 받으셨다. 즉, 인간을 하나님의 자녀로 만드실 수 있게 되셨다. 주의 부활은 우리가 우리의 옛생명이 아니라 주님의 부활 생명으로 일어나게 될 것을 의미한다.

> "이는 아버지의 영광으로 말미암아 그리스도를 죽은 자 가운데서 살리심과 같이 우리로 또한 새 생명 가운데서 행하게 하려 함이라 … 우리가 … 그의 부활과 같은 모양으로 … 되리라"롬 6:4-5.

우리가 경험하는 생명

> "내가 그리스도와 그 부활의 권능과 그 고난에 참여함을 알고자 하여 그의 죽으심을 본받아"빌 3:10(롬 6:23 참조).

영생은 하나님께서 주신 어떤 선물이 아니라 하나님 자신이다. '하나님이 곧 선물'이지 하나님으로부터 온 선물이 아니다. 어떻게 하나님의 생명이 우리 안에서 역사할 수 있을까? 무엇보다 먼저, 하나님의 생명은 죽음의 방법으로 우리의 죽을 육체 안에서 그 자체를 드러내신다.

하나님의 솟구치는 생명은 즉시 하나님과 관련 없는 것들을 죽도록 미워한다. 그러면 우리는 고갈 곧 지적으로, 신체적으로 샘이 마르는 것을 체험한다. 그러면 우리의 모든 생명은 이제 하나님의 손에 있다는 사실을 깨닫는다. 그 후 성령은 주의 부활의 능력을 우리에게 체험하게 하신다.

만일 우리가 하나님과 바른 관계에 있다면, 하나님께서는 항상 고갈을 회복시키시기 때문에 고갈은 별로 문제되지 않는다. 신체적 고갈도 언제나 원래의 위치로 회복된다. 이 회복은 흥분으로 들뜨는 것이 아니라 항상 차고 넘치는 생명력의 공급을 말한다. 만일 우리가 하나님의 생명을 경험하면서 산다면, 우리는 우리의 몸이 성령의 전임을 깨닫게 된다. 이 사실은 먼저 우리에게 계시로 임하고 체험으로 알게 되는 것이 아니다. 경험에 의존해서 살 때, 우리는 한쪽으로 치우치게 될 것이다. 예수 그리스도의 부활은 주님께 하나님의 생명을 우리에게 부여할 권한과 권위를 주었다. 우리의 신앙 체험은 주의 생명의 기초 위에 세워져야 한다.

"나의 모든 (신선한) 근원이 주께 있습니다"시 87:7.

당신을 고갈시키는 것들을 조심하라. 하나님께서 당신을 위해 마련한 것들을 벗어나서 행할 때 당신은 고갈된다. 이 세상에는 주의 생명이 에너지를 공급할 수 없도록 하면서 당장 힘을 탕진시키는 것들이 있다. 그러나 우리가 하나님께서 우리를 위해 마련해주신 것들 안에서 행하면 자연적인 고갈은 예수님의 부활 생명에 의해 신속하게 회복되고, 우리는 피곤을 느끼지 않는다. 우리는 스스로 기독교의 계시를 배우고 있는지 확인해야 한다. 당신은 주의 부활의 능력을 아는가? 주의 부활을 심오한 삶의 중심에 두고 있는가? 만일 그렇다면 당신은 언제나 실체 되시는 주께서 친히 역사하시는 것을 체험하게 될 것이다.

주님의 부활 신성

"예수께서 이르시되 나를 붙들지 말라 내가 아직 아버지께로 올라가지 아니하였노라 너는 내 형제들에게 가서 이르되 내가 내 아버지 곧 너희 아버지, 내 하나님 곧 너희 하나님께로 올라간다 하라 하시니" 요 20:17.

인자로서 부활하신 주님은 인류의 특별한 대표자와 대화를 나누신다. 그 대표자는 다름 아닌 주께서 일곱 귀신을 내어쫓으신 여인이다. 주님은 부활 전의 주님과 같은 분이셨지만 죽음과 부활을 통해 형용할 수 없을 만큼 다르게 변화되셨다. 그래서 마리아는 처음에는 주님을 인식하지 못했다. 그 후 예수님께서 "마리아야"라고 말씀하셨을 때 그녀는 너무나 큰 기대와 흥분 가운데 주의 발을 붙들었다.

'주께서 다시 오셨으니 모든 것이 잘될 거야!'

그러나 마리아는, 부활하신 주님과 가져야 하는 관계는 자연적인 감각으로 분별해낼 수 있는 관계가 아니라 주님으로부터 부여되는 생명에 기초한 관계라는 것을 배워야 했다.

"내가 내 아버지 곧 너희 아버지께로 올라간다."

새로운 관계는 이제 그녀가 예수 그리스도와 하나 되는 관계였다. 주의 부활 신성이란 주께서 우리를 하나님과 연합하도록 하실 수 있다는 의미이다. 하나님과 하나 됨의 관계는 오직 십자가와 부활로만 가능하다. 아무리 연약한 성도라도 주께 '내려놓을' 의사만 있다면, 그는 하나님의 아들의 신적 능력을 체험할 수 있다. 하나님의 모든 전능한 능력은 우리를 위한 것이다. 이 사실을 깨달을 때 우리의 삶은 어린아이와 같이 무조건적으로 주를 의지하는 삶이 된다. 예수님께서 "너희는 마음에 근심하지 말라"요 14:1고 말씀하신 것은 당연하다. 성도의 삶의 특징은 스스로 자신을 정결케 하며 만족하는 것이 아니라 하나님께 전부를 내어맡기는 것이다. 하나님은 비닐하우스 안의 식물들을 만드시는 것이 아니라 예수 그리스도를 닮은 하나님의 자녀들을 만들고 계신다.

우리의 모든 생명

"그러므로 너희가 그리스도와 함께 다시 살리심을 받았으면 위의 것을 찾으라 거기는 그리스도께서 하나님 우편에 앉아 계시느니라 위의 것을 생각하고 땅의 것을 생각하지 말라 이는 너희가 죽었고 너희 생명이 그리스도와 함께 하나님 안에 감추어졌음이라 우리 생명이신 그리스도께서 나타나실 그때에 너희도 그와 함께 영광 중 나타나리라"골 3:1-4.

그리스도인답게 생각하지 않을 때 성도의 마음은 굶주리게 된다. 사람이 위로부터 거듭나기 전에는 그리스도인답게 생각할 수 없다. 우리 중에는 멋진 영적 체험을 하였지만 절대로 그리스도인다운 생각을 하지 못하는 사람들이 있다. 그리스도인답게 생각은 하지만 그 생각대로 살지 못하는 사람들이 있다. 또한 그리스도인의 삶을 살지만 그리스도인처럼 생각하지 못하는 사람들이 있다. 우리는 이 둘을 합치는 것을 배워야 한다. 우리는 위대한 진리 위에 우리의 생각을 세워야 한다.

위로부터 거듭난 우리는 위의 것을 추구해야 한다. 위로부터 나지 않은 사람에게는 이 말이 신비하고 현실과 거리가 먼 것처럼 들리겠지만 성도들에게는 자연스럽다. 우리가 언제나 성도를 알아볼 수 있는 이유는, 성도는 하나님의 계시를 분별하기 때문이다. 그러나 위로부터 거듭나지 않은, 육에 속한 사람에게 하나님의 계시는 수수께끼 같다. 진리는 지적으로 분별되는 것이 아니라 영적으로 분별된다.

부활의 능력은 우리의 죽을 몸 안에서 역사한다. 바울의 말에 따르면, 주께서 다시 오실 때 우리가 살아 있다면 우리는 변화하게 될 것이다. 자연적인 것과 관련된 모든 것이 순식간에 놀랍도록 변화하게 될 것이다.

"너희 생명이 그리스도와 함께 하나님 안에 감추어졌음이라" 골 3:3.

그리스도는 우리의 모든 생명이다. 우리가 이 사실을 깨달을 때 의심과 불안은 영원히 사라진다. 만일 하늘의 것들에 마음을 두면, 우리는 주 예수를 알기에 불안하지 않게 된다. 그 이유는, 주님은 현재의 여러 불안 요소들로 인해 마음을 빼앗기지 않으시기 때문이다. 자연인에게 불투명한 것들이 하늘의 것들에 마음을 둔 사람에게는 선명하게 보인다. 그러한 사람은 의심하지 않는 체하는 것이 아니다. 우리는 그에게 의심이 없다는 것을 안다. 그의 평강은 금욕주의적인 평강이 아니다. 그가 골로새서 3장의 내용대로 오래 살아왔기 때문이다. 즉, 그의 모든 생명이 그리스도와 함께 하나님 안에 감추어져 있다. 사람의 모든 마음이 위의 것들에 있을 때 이 땅의 것들은 변모하게 된다.

예수 그리스도의 전능하신 능력이 우리를 위한 것임에, 하나님께 감사한다. 하늘과 땅의 모든 능력이 주님 안에 있다. 따라서 주께서는 "볼지어다 내가 세상 끝날까지 너희와 항상 함께 있으리라"마 28:20고 말씀하신다. 그리스도의 신성의 모든 능력이 주의 부활을 통해 우리의 것이 된다.

: Chapter 11 :

주님의 승천과 우리의 연합

주님의 변모의 절정 요 17:5	완성된 주님의 변화 마 28:18	계속되는 주님의 신실함 행 7:56
우리의 초자연적인 구원 행 2:33	우리의 거룩하게 된 안전 요 14:13	우리의 단순한 만족 요 17:23

"예수께서 그들을 데리고 베다니 앞까지 나가사 손을 들어 그들에게 축복하시더니 축복하실 때에 그들을 떠나 [하늘로 올려지시니]" 눅 24:50-51.

"이 말씀을 마치시고 그들이 보는데 올려져 가시니 구름이 그를 가리어 보이지 않게 하더라 올라가실 때에 제자들이 자세히 하늘을 쳐다보고 있는데 흰 옷 입은 두 사람이 그들 곁에 서서" 행 1:9-10.

변모 사건 이후 주님의 삶 가운데서 발생한 모든 사건들은 우리가 체험할 수 있는 것들이 아니다. 그 후로부터 주의 삶은 모두 대속적이다. 주께서는 변모의 사건이 있기 전까지 가장 평범한 삶을 보이셨다. 그러나 변모 사건 이후부터 주님의 모든 삶이 우리에게 생소하다. 겟세마네, 십자가, 부활은 인간의 삶 가운데서 체험할 수 있는 것들이 아니다. 성경은 변모 사건 이후부터 주님의 삶보다는 우리가 주의 생명에 들어갈 수 있도록 어떻게 주께서 문을 여셨는지를 다룬다. 승천하실 때 주님은 인류를 향해 문을 열어두셨다. 주의 십자가는 인류의 모든 사람들이 하나님의 생명에 들어갈 수 있도록 하는 문이다. 부활 때문에 주님은 모든 개인들에게 영생을 줄 수 있는 권한을 갖게 되셨다요 17:2. 승천에 의해 주님은 하늘과 땅의 모든 권세를 소유하게 되셨다마 28:18.

주님의 변모의 절정

"아버지여 창세전에 내가 아버지와 함께 가졌던 영화로써 지금도 아버지와 함께 나를 영화롭게 하옵소서"요 17:5.

인자로서 하나님께서 그에게 요구하신 것을 다 이루시고, 순종에 의해 주의 자연적인 생명을 영적인 생명으로 변화시켰을 때, 주께서는 땅이 더 이상 주님을 붙들 수 없는, 모든 것이 영적인 장소인 변화산 위로 오르셨다. 주의 참된 속성 곧 근본적인 신성이 자연적인 것을 통과하여 터져나왔고 주님은 변모하셨다. 주님은 이 땅에서 하늘 아버지께서 주께 맡기신 요구를 다 이루셨다. 구름으로 상징되는 하나님의 임재가 창세전에 주께서 아버지와 함께 가지셨던 영광으로 주를 인도하기 위해 기다리고 있었다. 그러나 주님은 그 영광을 뒤로 하고 산에서 내려와 타락한 인류와 자신을 일치시키신다. 그 이유는 갈보리를 통해 새로운 인류를 짓기 위함이었다.

예수 그리스도께서 변화산으로부터 하늘로 오르셨다면 주님 혼자만 오르셨을 것이다. 그러했다면 주님은 우리에게 영광스러운 모습으로만 남았을 것이다. 하나님의 표준이 되는 사람의 삶을 보여주시고 하나님과 사람이 하나 되어 사는 것이 얼마나 멋진가를 보여주셨을 것이다. 그러나 그것이 우리에게 무슨 유익이 되었겠는가? 우리에게는 우리 앞에 놓인 이상대로 살 수 있는 능력이 전혀 없다. 우리가 마음이 청결하지 않은데 주님처럼 우리의 마음이 청결해야 한다고 말하는 것이 무슨 소용이 있는가? 그러나 예수 그리스도는 그 산으로부터 하늘로 오르지 않으셨다. 모세와 엘리야가 나타나 주님과 함께 대화를 나눈다. 그런데 주의 영광이나 신성에 대해 말씀을 나누지 않고 이제 곧 예루살렘에서 이루실 사건인 주의 죽음에 대해 말씀을 나누었다.

십자가상에서의 주의 죽음에 의해, 예수 그리스도는 누구든지 하나님과 교제할 수 있는 길을 여셨다. 바로 이 지점에서 하나님과 사람의 원수인 마귀가 나타나 겟세마네 동산에서 주님을 공격한다.

"당신은 인자로서 결코 해내지 못할 것이다. 신성으로는 해낼 수 있겠지만, 성육신한 상태로는 안 될 것이다."

주께서 성육신하신 목적은 인류를 구속하기 위함이었다. 주님은 그 일을 인자로서 해내셨으며, 이는 누구든지 예수 그리스도의 십자가의 권한으로 하나님께 직접 나아갈 수 있는 자유가 생겼음을 의미한다. 주께서 이루신 구속이 효과적으로 인간의 삶에 이루어진 사건이 중생이고, 성령은 이 놀라운 구속을 우리 속에 실제 현실로 나타나도록 하는 분이시다.

주께서 산에서 승천하실 때 주의 변모는 완성되었다. 승천은 변모의 절정이기 때문에 변화산에서의 변모와 승천의 두 장면은 구체적인 부분에서 매우 유사하다. 이제 주님은 조금도 주저함이 없이 원래의 주의 영광으로 돌아가셨고, 이제 약속대로 모든 변모의 완성 상태로 곧바로 나아가신다. 이제 하나님의 아들로서의 하나님의 영광뿐 아니라 '신인'하나님의 아들과 인자으로서 하나님께 돌아가신다. 하나님과 사람 사이의 담은 무너졌고 죄는 제거되었으며 죽음은 멸망되었다. 원수의 능력은 마비되었고, 인자의 승천으로 인해 누구든지 하나님의 보좌로 직접 나아갈 수 있는 자유가 생겼다.

주께서는 승천하시면서 팔을 펼치셨다. 그 팔은 부활하신 후 주님께서 제자들에게 의도적으로 주의 못자국 난 손을 보여주신 팔이다. 따라서 승천과 함께 주의 제자들이 마지막으로 본 것은 주님의 못자국 난 손이다. 그 손은 구속을 상징한다. 천사들은, 다시 오실 예수는

'바로 똑같은 예수'로서 그분께 속죄의 표시가 있을 것이라고 선포하였다. 즉, 인류 전부가 속죄되었다는 뜻이다. 구속은 완성되었으므로, 누구든지 주께서 이루신 모든 놀라운 일들을 통해 아무런 방해나 저지 없이 하나님의 보좌로 직접 나아갈 수 있게 되었다. 주님은 지금 하나님의 아들로서뿐 아니라요 1:18 인자로서 하나님의 오른편에 계신다.

우리의 초자연적인 구원

> "하나님이 오른손으로 예수를 높이시매 그가 약속하신 성령을 아버지께 받아서 너희가 보고 듣는 이것을 부어주셨느니라"행 2:33.

구원은 인간의 속성에 하나님께 속한 위대한 특성이 들어온 것을 의미한다. 초자연적이지 않은 구원은 없다. 인간의 사랑과 신의 사랑은 하나이며 같은 것이라고 말하기 쉽다. 그러나 실제로 이 둘은 서로 많이 다르다. 또한 인간의 덕과 하나님의 속성은 하나이며 같은 것이라고 말하기 쉽다. 그러나 이 말도 진리와는 거리가 멀다. 우리는 우리의 생각을 사실에 맞게 조정해야 한다. 죄가 들어와 인간과 하나님의 사랑, 사람의 덕과 하나님의 속성 사이에 균열을 만들었다. 지금 인간의 속성 안에서 우리가 보는 것은 신성의 잔재이며 굴절이다. 성경에 의하면 인간의 덕은 인간의 속성이 이룰 약속이 아니라 한때 인간의 속성이었던 것의 잔재이다. 이는 하나님 나라 백성으로 거듭나지 않은 사람들 가운데 타락하기 전의 고결함의 잔재를 우리가 종종 보게 되는 이유를 설명해준다. 우리는 그리스도인으로서 어떤 것을 알려고 할 때, 그것의 올바른 기원을 추적하기를 배워야 한다.

하나님은 신성에 속한 특성과 인간에게 속한 특성 사이에 매우 뚜렷한 구분을 두신다. 요한복음 15장 13절은 친구를 위해 자신의 생명을 내어놓을 수 있는 인간의 사랑을 언급한다. 그러나 로마서 5장 8절의 내용은 원수를 위해 자신의 생명을 내려놓는 신적인 사랑이다. 이 사랑은 인간의 속성으로는 결코 할 수 없다. 인간이 결코 용서할 수 없다는 말이 아니다. 인간도 용서할 수 있고 실제로 용서한다. 그러나 용서는 인간에게 속한 것이 아니다. 전적으로 하나님의 속성에 속한 것이고, 이 용서가 사람들 가운데 나타나는 것은 기적이다.

철학에 주의하라. 사람들은 복음 선포자의 말을 듣기보다 철학자의 말을 듣는 것을 훨씬 만족스러워한다. 그 이유는 복음 선포자는 하나님의 훈계와 날카로운 매질을 언급할 뿐 아니라 사람과 하나님 사이에 큰 간격이 있다는 계시를 노골적으로 드러내기 때문이다. 사람들은 이를 매우 싫어한다. 그러나 그 계시를 받아들인다는 것은 우리가 위로부터 거듭나야 함을 인정한다는 뜻이다. 복음의 메시지는 우리가 원하기만 하면 즉시 위로부터 거듭날 수 있다고 말한다.

지식은 죄를 무시하는 경향이 있다. 인간 속에서 죄를 무시하지 않는 요소는 양심이다. 성경은 지식이나 감정이 아니라 먼저 양심을 다룬다. 성령께서 어떤 사람을 취하셔서 죄를 책망하시면 그는 당장 좌절하게 된다. 예수 그리스도의 거룩만이 하나님 앞에 설 수 있기에, 자신에게는 아무런 기회가 없음을 인식하게 되기 때문이다. 이렇게 죄의 책망이 임하면 오직 두 가지 길 밖에 없다. 스스로 삶을 포기하거나 아니면 예수 그리스도의 십자가로 가는 것이다. 대부분의 사람들은 얕고 피상적이기 때문에 실체에 대해 생각하기를 귀찮아 한다. 그들은 현실적인 안락에 사로잡혀 안일함과 평안함을 누린다. 그들은 하나님의 영이 임하면 삶의 균형이 흔들리는 것을 알기 때문에, 성령이 계시하시는 것을 무시하고자 한다.

구원은 언제나 초자연적이다. 성령은 연합을 깨뜨렸던 주범을 다루심으로써 나를 다시 하나님과 연합시키신다. 설득시키는 복음 선포는 위험하다. 예수 그리스도를 믿으면 주께서 자연적인 선상에서 그들을 발전하게 해줄 것이라는 개념으로 사람들을 설득하려고 하는 것은 위험하다. 예수님은 "화평이 아니요 검을 주러 왔노라"마 10:34고 말씀하셨다. 이는 파괴되어야 할 것이 있다는 뜻이다.

예수 그리스도는 하늘의 평화와 즐거움을 곧바로 만들어내지 않으신다. 그전에 고통과 비참과 죄책감과 좌절을 겪게 하신다. 그러면 어떤 사람은 "만일 나를 이렇게 힘들게 하시려고 주께서 오신 것이라면 나는 차라리 주님이 오시지 않았으면 한다"라고 말한다. 물론 우리에게 단지 고통과 비참과 죄책감과 좌절을 겪게 하시려고 주님께서 오신 것은 아니다. 주님은 우리를 인도하여 하나님 아버지와 초자연적인 연합을 갖게 하기 위해 오셨다. 사람이 예수 그리스도를 믿을 때, 즉 자신을 예수 그리스도께 맡길 때(믿음은 지적 행위가 아니라 전인격적 행위이다.) 승천하신 주님은 성령에 의해 그 사람을 아버지와 하나가 되도록 이끄신다. 이것이 초자연적인 연합이다.

기독교 신앙생활의 두 축은 체험과 계시이다. 당신은 예수 그리스도께서 주신 계시의 선상에서 사고하는가? 우리는 자신의 노력으로 결코 하나님과 만날 수 없다. 그러나 자신의 노력으로 하나님과의 관계를 유지해야 한다빌 2:12-13. 예수 그리스도는 어떤 사람에게든 상관없이 주의 놀라운 신적 구원을 주실 수 있다. 성령에 의해 하나님의 속성이 우리 마음에 부은 바 되지만, 우리는 순종으로 주의 속성과의 연결을 유지해야 한다.

기독교 공동체에 속한 어떤 사람들 중에는, 우리는 전부 하나님을 소망하는 점에서 옳기 때문에 현실적으로 어떻게 사는지는 중요하지 않다고 가르치는 자들이 있다. 그러나 이러한 가르침은 옳지 않다. 우리는 하나님을 향해 바른 마음자세를 가져야 할 뿐 아니라 삶으로 우리가 옳다는 사실을 보여줄 수 있어야 한다. 이를 위해 예수 그리스도의 생명이 우리의 육체를 통해 역사해야 한다. 이러한 역사가 나타나도록 우리가 할 일은 순종이다.

참으로 많은 사람들이 하나님의 초자연적인 구원에 대해 황홀해 한다. 또한 하나님의 주권적 은혜로 우리가 구원 받았다는 놀라운 사실에 감격한다.(우리가 아무리 감격해도 지나치지 않다.) 그러나 그들은 주께서 지금 그들에게 자신을 가다듬어 주님께 순종하기를 기대하신다는 사실을 망각한다. 우리는 이 썩을 육체 안에서 살면서 동시에 하나님의 자녀로서 살아야 한다. 하나님 안에서 그리스도와 함께 감추어진 생명을 온 몸으로 다 나타내야 한다. 우리가 이렇게 할 수 있는 이유는 승천하신 주님께서 모든 권세를 가지셨기 때문이다.

만일 우리의 살과 피가 하나님의 아들이 우리 안에서 자신을 나타내시는 것을 허락하지 않는다면, 우리는 실제로는 반기독교인이다. 우리는 삶으로는 부정하는 것을 선포하는 것이 되고 그 신조는 현실의 삶에 의해 조롱과 침 뱉음을 당하는 셈이다. 나아가 예수 그리스도께서 친히 하실 수 있다고 주장하신 것을 우리의 삶으로 부정하는 것은 무의식적인 신성모독이다. 거듭났다면 우리는 하나님의 생명으로 태어난 것이다. 그러면 우리는 주의 생명에 잘 순종하고 있는지 항상 살펴야 한다. 성령의 신실함은 우리가 순종하지 않는 모든 부분을 만지심으로써, 우리가 양심적으로 깨달을 수 있도록 도우신다.

완성된 주님의 변화

"예수께서 나아와 말씀하여 이르시되 하늘과 땅의 모든 권세를 내게 주셨으니"마 28:18(마 11:27 참조).

주님은, 아버지의 계시는 전적으로 아들에게 달려 있고 주님 자신은 아버지를 계시하는 유일한 중개자라고 말씀하신다 마 11:27. 주님은 위 구절에서 "하늘과 땅의 모든 권세를 내게 주셨으니"라고 말씀하신다. 그렇다면 주님은 나를 성도로 만들 권세를 가지고 계신가? 만일 그러한 권세가 없으시다면, 주님은 철저하게 자신을 오해한 것이고 우리를 그릇된 길로 인도한 셈이 된다. 주께서 땅 위의 모든 권세를 가지고 계신가? 내가 추구해야 하는 '땅의 평화'는 어떠한 것인가? 주께서 '땅의 평화'에 대해서도 권세를 가지시는가? 입술로는 그리스도인이라고 고백하지만 나의 현실은 예수 그리스도가 말씀하시는 '땅의 평화'를 조롱하며 비웃고 있지는 않은가? 주님은 "모든 권세가 내게 주어졌다"고 말씀하신다. 그러나 나의 삶은 주께서 아무런 권세가 없다고 증명하는 것은 아닌가?

인자로서 예수 그리스도는 의도적으로 자신 안에서 전능, 전지, 무소부재의 능력을 제한하셨다. 지금 주님은 완전한 충만함으로 그러한 능력들을 모두 가지고 계신다. 하나님으로서의 주님은 그러한 능력들을 항상 가지고 계셨다. 그러나 지금 주님은 인자로서도 완벽한 충만함으로 그러한 능력들을 소유하신다. 하나님의 보좌 앞에서 예수 그리스도는 인자로서 모든 능력을 가지신다. 이는 주께서 누구든지 주님의 성품과 잘 맞는 사람을 만들어내실 수 있다는 뜻이다.

우리의 거룩하게 된 안전

"너희가 내 이름으로 무엇을 구하든지 내가 행하리니 이는 아버지로 하여금 아들로 말미암아 영광을 받으시게 하려 함이라"요 14:13.

이 구절은 우리의 구원이 완벽하게 안전한 곳에 놓여 있음을 말해준다. 이 말씀과 함께 주님의 다른 언급은 "모든 권세가 내게 주어졌다"는 사실이다. 당신은 "오, 그래. 그렇다면 나는 내가 원하는 것을 뭐든지 구할 수 있어"라고 말한다. 그렇게 해보라! 나는 당신이 그렇게 하기를 도전하고 싶다. 주님은 또한 "너는 뜻을 가지고 구하라"고 말씀하신다. 당신의 뜻을 다해 구하라는 것이다. 그러나 우리는 뜻을 다해 기도를 드리는 때가 거의 드물다. 따라서 거짓 감정이 만들어지기 쉽다. 성령에 의해 감동을 받고 성령의 소생케 함을 체험하면, 당신은 기도 가운데 피해야 할 것들을 알게 된다. '구하는 것', 곧 뜻을 가지고 기도하는 것만큼 더 빨리 영적 부패를 간파하는 것도 없다.

복잡하게 구하지 말라. 여러 가지를 구하지 말고 단순하게 기도하라. 주님은 "구하라"고 말씀하신다. 우리는 언제나 기도에 대해 말을 하면서도 정작 구하지는 않는다. 당신은 "그것에 대해 기도할 거야"라고 말하지만 실제로 그렇게 하지 않는다. 종종 당신이 어떤 것에 대해 "기도해 보겠습니다"라고 말하는 진짜 의도는 그것에 대해 더 이상 생각하지 않겠다는 다짐일 때가 많다. 예수 그리스도를 만난 제자들은 자신들이 영적으로 가난한 자들임을 깨달았다. 그래서 "주님, 우리에게 기도를 가르쳐 주옵소서"눅 11:1라고 말하였다.

만일 거룩하게 되는 것과 성령 세례 등에 대해 헷갈린다면 자신에게 문제가 있는 것이다. 하나님께서 책성경을 쓰셨기에 '거룩케 됨'이나 '성령 세례' 등의 표현은 하나님의 것이지 사람의 것이 아니다. 왜 우리는 이 문제에 대해 하나님께로 가지 않는가? 우리가 가지 않는 이유는 우리에게 있다. 우리는 감히 가려고 하지 않는다.

우리가 정직하게 하나님께 성령과 불로 세례를 베풀어 주시기를 원한다면 뭔가 놀라운 일이 발생하게 되는데, 이는 하나님의 응답이다. 만일 우리의 몸이 성령의 전이라는 계시를 받는다면, 당신은 몸 안에서 성령의 목적이 이루어지기를 하나님께 구할 준비가 되어 있는가? 만일 준비가 되어 있다면 그 결과들에 주목하라. 썩어 없어질 모든 것들이 순식간에 사라질 것이다. 친구이든, 책이든, 관계이든 다 떠나게 된다.

누구든지 하나님께 나아가는 것이 어렵다면, 그것은 하나님 탓이 아니다. 우리는 원하기만 하면 언제든지 하나님께 나아갈 수 있다. 주님께 나아가는 것만큼 간단한 일은 없다. 우리가 하나님께서 나아가지 못하는 이유는, 하나님으로부터 독립하려는 강력하고 교만한 마음에 공감하기 때문이다.

예수 그리스도의 구속에 의해 초자연적으로 구원을 받았다면, 우리는 구원 받을 자격이 없음을 잘 안다. 그러므로 더 이상 스스로 구원 받기 위해 안간힘을 쓰지 않는다. 빛 가운데 걸을 때 우리에게 하나님 앞과 그분의 마음 중심까지 나아갈 수 있는 완벽한 자유가 주어진다. 승천하신 주님은 하나님과 가지셨던 교제의 삶이 우리에게도 가능하게 하셨다.

당신은 기도하지 않으면서 다른 사람들에게 당신을 위해 기도해 달라고 부탁하지 않도록 하라. 주님은 "네 자신이 기도하라. 구하라"고 말씀하신다. 우리에게는 각자 속한 가정, 주일학교, 사회 공동체, 나라가 있다. 우리 중 몇이나 다른 사람들을 위해 기도하는가? 이러한 기도의 책임을 멀리하고 있는 것은 아닌가? 우리는 뜻을 가지고 구해야 한다. 하나님께서 우리 앞에 두신 것이 아니면, 우리의 뜻을 헛된 것에 두어서는 안 된다. "너희가 내 이름으로 무엇을 구하든지 내가 행하리니"요 14:13. "내 이름으로"라는 표현은 기독교만의 용어도 아니고, 그럴듯한 헌신의 용어가 아니다. 그 표현은 "내 속성 안에서"라는 뜻이다. "의인의 간구는 역사하는 힘이 큼이니라"약 5:16. 어떤 사람들의 기도는 다른 사람들의 기도보다 더욱 효력이 있다. 그 이유는 그들이 착각에 빠져 있지 않기 때문이다. 그들은 자신들의 기도의 열심을 의지하지 않고 주 예수 그리스도의 최고의 권위를 절대적으로 의지하는 가운데 기도한다히 10:19.

계속되는 주님의 신실함

"보라 하늘이 열리고 인자가 하나님 우편에 서신 것을 보노라"행 7:56.

스데반은 승천하신 주님을 보는데, 그분은 이 땅에 계셨던 예수님이시다계 1:7-15. 어떤 사람은, 역사 속에 실재하였던 예수는 그리스도가 아니라고 가르친다. 부활하신 예수는 제자들이 신적인 영감을 받은 후의 상상이라고 말한다. 그러나 승천하신 분은 속죄의 표시를 가지고 계신 '똑같은 예수'시다. 따라서 승천하신 주님의 특성을 알기 위해 역사적 예수의 기록을 참고하는 것은 바람직하다. 우리는 성경에서 주님의 특성들을 발견한다. 주님은 전능하신 능력 가운데 우리에게 똑같은 특성들을 나타내실 것이다.

우리의 단순한 만족

"그들로 온전함을 이루어 하나가 되게 하려 함은"요 17:23.

성령 세례는 독자적인 개별성의 껍질로부터 우리를 구원한다. 인격성이란 각 사람 안에서 성령께서 깨우실 때 하나님과 참된 교제를 나눌 수 있는 부분이다. 개별적인 자아 주장은 껍질이며, 주님과의 인격적인 일치가 알맹이다. 개별적인 것들은 결코 하나가 될 수 없지만 인격성은 하나가 될 수 있다. 개별성은 모든 것을 '밀쳐내며' 분리하고 고립한다. 어린아이는 개별적이기 때문에 언제나 독자적이다. 우리는 결코 주님을 개별성이나 독자성으로 정의할 수 없다. 그분은 오직 인격성으로만 정의된다. 주의 모든 생애를 특징 짓는 것은 인격성으로서, 독자성이나 자기 주장이 아니다.

자연적 생명 안에서 두 사람이 서로 사랑에 빠지면 개별성이 승화되는데, 그 이유는 두 사람의 인격성이 서로 합쳐지기 때문이다. 일치는 지배 관계가 아니다. 서로 다른 두 사람이 하나가 되면 서로 지배하지 않지만 서로의 하나 됨이 결국 둘을 지배한다. 자연 생명 안에서 개별성이 자기 주장을 하게 되면 균열이 생기고 관계가 어려워진다. 영적인 생명도 마찬가지이다.

예수님께서는 "누구든지 나를 따라오려거든 자기를 부인하고 자기 십자가를 지고 나를 따를 것이니라"막 8:34라고 말씀하셨다. 개별성의 자연적 독립성은 하나님으로부터의 독립에 그 뿌리를 두고 있다. 만일 자신에 대한 권리를 하나님께 양도하면, 성령의 내재하심에 의해 인격성의 참된 실제 속성이 당장 하나님께 반응한다. 예수님은 "우리가 하나가 된 것같이 그들도 하나가 되게 하려 함이니이다"요 17:22라고 기도하셨다. 바울이 우리에게 새로운 사람을 입으라고 권면할 때, 이는 가장 실천적인 내용을 말한 것이다. 현실 속에서 하나님과의 하나 됨에 가장 완벽한 조화를 이루는 습관을 가지라는 뜻이다. 우리는 항상 이 일을 해야 한다. 그러면 하나님께서 예수 그리스도의 기도를 응답하심으로써, 우리 안에 하나님과의 하나 됨으로 인한 참된 만족이 임할 것이다.

만일 하나님이 당신의 삶 가운데서 무엇을 추구하시는지를 알기 원한다면 요한복음 17장을 읽으라. 주님은 "우리가 하나가 된 것같이 그들도 하나가 되게 하려 함이니이다"라고 기도하셨다. 하나님과 예수 그리스도가 얼마나 가까우신가? "나와 아버지는 하나이니라"요 10:30. 이것이 바로 주님께서 우리를 위해 간구하신 내용이다. 따라서 아버지는 그 기도가 응답될 때까지 우리를 홀로 두지 않으실 것이다.

당신은 당신의 생명 속에 있는 하나님의 능력을 방해하고 있는가? 그렇다면 절대로 하나님을 탓하지 말라. 우리는 초자연적으로 구원을 받았을 뿐 아니라 거룩하게 되었다. 하나님께 순복하고 주님께 순종한다면, 승천하신 주님은 주님 안에 있는 모든 것을 우리에게 당장 주실 것이다. 가장 큰 능력과 만족 가운데 기쁨으로 거저 주실 것이다. 주님은 승천하신 그날부터 지금까지 만왕의 왕이시며 만유의 주시다.

: Chapter 12 :

주님의 영화와 우리의 영광

창세 전의 주의 영광	하나님께 합당하신	주님의 신실하신
요 17:5	주님 고전 15:28	하나님의 얼굴 고후 1:34
우리의 현재의 자랑	영향력을 나타내는	우리의 영구적인
갈 6:14	우리의 영광 롬 8:30	영광 요 17:24

앞서 제시한 것처럼, 우리에게는 기독교 체험이 필요하지만 더 많은 것이 있어야 한다. 우리 중 많은 사람들이 고맙게도 기독교에 관심이 있고 예수 그리스도께 헌신도 한다. 그러나 주님께로부터 아무것도 받지 못한 사람들이 있다. 정확하게 진리를 말한다면, 우리는 하나님께서 체험을 수단으로 우리를 중생시키셨다고 말할 수 없다. 당신이 단지 감상적인 그리스도인이 아니라면, 하나님 나라 백성으로 태어나는 것이 무엇인지를 알아야 하고 당신에게 어떤 중요한 변화가 나타났는지를 찾아내야 한다. 이 일을 제일 먼저 가장 완벽하고

확실하게 해야 할 것이다.

우리는 사도행전 26장 18절에서 묘사된 체험이 있다. 이러한 새 생명의 체험 이후, 우리는 새 생명이 하나님의 책에 기록된 내용들에 의해 교훈을 받도록 힘써야 한다. 우리가 그리스도인으로서 체험할 수 없는 것들이 있다. 그러나 바로 체험될 수 없는 것들 위에 우리의 믿음을 세워야 한다. 체험에서 비롯된 편견에 따라 우리의 믿음을 선택해서는 안 된다.

창세 전의 주의 영광

> "아버지여 창세전에 내가 아버지와 함께 가졌던 영화로써 지금도 아버지와 함께 나를 영화롭게 하옵소서"요 17:5.

예수 그리스도는 다른 곳에서 이곳으로 오셨다. 주께서 오신 '다른 곳'은 완벽한 신격deity을 말한다. 예수 그리스도는 '신이 된' 존재가 아니셨고 '성육신한' 하나님이셨다. "그는 근본 하나님의 본체시나"빌 2:6. 완벽하신 신성 안에서 하나님의 '본체'는 우리의 몸과 같은 본체가 아니라 '영광' 곧 하나님의 온전함을 의미한다. 따라서 그것은 인간의 마음으로는 전혀 헤아릴 수 없는 본체이다. 우리는 그 본체 안에서 '삼위일체'로 불리는 완벽함을 본다. 이 용어는 성경적 단어가 아니다. 그러나 위대한 사고의 격렬한 갈등을 거쳐 만들어진 용어로서, 하나님의 신성을 사람의 단어로 언급하고자 하는 매우 결정적인 시도였다.

신성의 한 요소가 '하나님의 말씀'을 통해 성육신된 아들이 되었다. 육체로 나타나신 하나님을 '죄가 되는 아들'로부터 분리하지 않도록 주의하라. 절대로 성육신과 구속을 분리하지 말라. 성육신은 구속을 목적으로 이루어졌다. 성경은 하나님께서 죄를 없애려는 목적만으로 성육신하셨다고 계시한다. 하나님은 자아실현을 목적으로 성육신하지 않으셨다.

인자가 되신 하나님의 아들은 사역을 마치면서 완벽한 신격으로 귀속하셨다고전 15:28 ; 요 17:5. 이 부분은 우리의 언어로는 더 이상 설명할 수 없다. 성육신하신 하나님을 인간의 개념으로 붙들려고 할 때 어려움에 봉착한다. 예를 들어, 우리는 하나님의 근본적인 속성은 전능, 무소부재, 전지라고 말한다. 성경도 하나님의 근본적인 속성이 거룩이라고 계시한다. 하나님께서는 친히 창조하신 것 중 가장 연약한 존재인 갓난아기가 되셨다. 이러한 사실들을 인간의 개념으로 이해할 수 있겠는가? 우리는 하나님의 계시 앞에서 우리의 편견을 내려놓을 준비가 되어 있어야 한다.

오늘날 사람들은 모두 우상 숭배자들이다. 그들은 이사야가 조롱하던 당시의 백성들처럼 지적인 우상을 섬기고 있다사 24:9-20. 우리의 관념ideas은 우리가 허용하는 만큼 우리를 지배할 능력을 갖는다. 결코 그 이상을 지배할 수 없다. 사람들은 하나님을 '관념'의 감옥 안에 가두려 한다. 하지만 예수 그리스도는 아버지께서 아버지의 계시를 어린 아이들에게도 허락하신다고 말씀하셨다마 11:25.

당신은 거듭난 후 주님을 당신의 영혼의 주인으로, 나아가 두뇌의 주인으로 모시고 있는가? 그만큼 당신은 주께 정중하고 겸손한가? 우리는 성육신하신 하나님께 하듯 성육신하신 이성Incarnate Reason께 기꺼이 순복해야 한다. 성육신하신 이성은 주 예수님이시다. 누구든지 성육신하신 이성과 어긋나는 이성을 행사한다면, 그는 어리석은 자이다. 우리는 결코 주의 말씀을 인간적인 이성으로 해석해서는 안 되고, 주의 생명으로 해석해야 한다.

당신은 예수 그리스도의 신자가 될 준비가 되어 있는가? 예수님을 믿는다는 것은 구원을 체험하는 것보다 훨씬 많은 의미를 담고 있다. 즉, 주님을 믿는다는 것은 이 세상, 육체, 마귀, 하나님, 사람, 성경 등에 대한 주님의 관점에 우리가 마음과 뜻을 온전히 헌신함을 의미한다. "또한 나를 믿으라"는 말씀은 주께서 지성을 아버지께 순복한 것처럼 우리도 우리의 지성을 주 예수 그리스도께 순복함을 뜻한다. 이는 이성을 행사하지 말라는 뜻이 아니라 '성육신하신 이성'께 우리의 이성을 순복하여 행사하라는 뜻이다.

"아버지여 창세전에 내가 아버지와 함께 가졌던 영화로써 지금도 아버지와 함께 나를 영화롭게 하옵소서"요 17:5라는 구절은 주님 자신이 하나님으로서 지니셨던 이전의 본체를 언급하신 계시로서, 인간은 그것이 무엇인지 어떠한 개념도 가질 수 없다. 오늘날 널리 퍼진 사악한 가르침들 중 예수 그리스도의 위격을 분해하려는 이단적 가르침이 있다. 이러한 가르침이 이곳저곳에 슬며시 들어와 있다. 예수 그리스도는 기도 가운데 인자의 입장에서 주께서 이전에 가지셨던 영광을 다시 취할 것을 구하신다. "아버지께서 내게 하라고 주신 일을 내가 이루었사오니"요 17:4. 그 일이 무엇이었는가? 인류를 회복시켜 하나님께로 돌아오게 하는 일이었다. 이 일이 바로 하나님께서 예수님께 맡기신 일이었다.

예수 그리스도는 사람이 아무 때나오스왈드 챔버스는 '속죄'atonement라는 단어를 '아무 때나'at-one-ment로 변형하면서 속죄로 인해 하나님께 나아감을 암시한다-역주 당장 하나님께 직접 나아갈 수 있도록 길을 닦아놓으셨다. 이제 그 일은 완성되었다. 먼저는 주의 뜻 안에서 완성되었고 곧바로 현실 속에서 완성되었다. 이제 주님은 이전의 하나님의 본체로 돌아가기를 기도하신다. 이 기도 속에는 인간과 연결되는 내용은 없고, 최고의 신성에 관한 내용이 있다.

당신에게 예수 그리스도는 어떤 분이신가? 주께서 자신에 대해 친히 말씀하신 그대로 주님을 받아들이는가? 주님은 온 인류의 운명을 주님과의 관계에 달려 있게 하셨다. 인류의 운명에서 중요한 것은 예수 그리스도의 신성divinity이 아니라 신격deity이다오스왈드 챔버스는 신성과 신격을 구분하여 사용한다. 신성은 하나님께 속한 속성이고 신격은 예수 그리스도께서 사명을 마치신 후에 인자와 하나님의 아들로서 누리시는 신적인 권세를 의미한다-역주.

우리의 현재의 자랑

"그러나 내게는 주 예수 그리스도의 십자가 외에 결코 자랑할 것이 없으니 그리스도로 말미암아 세상이 나를 대하여 십자가에 못 박히고 내가 또한 세상을 대하여 그러하니라" 갈 6:14.

여기에서 자랑이란 외적으로 나타난 하나님의 명예와 관련되어 내면적으로 기쁨을 체험하는 것이다. 바울은 그의 자랑이 그리스도의 십자가라고 말한다. "다른 것으로는 결코 자랑할 것이 없나니." 기쁨은 단순한 행복이나 유쾌함이 아니다. 주변 상황과는 전혀 관계가 없으며 단지 내 안에 있는 하나님의 속성에 의해 생긴다.

예수님께서 삶 가운데 보여주신 기쁨은 주의 속성의 모든 능력들이 아버지의 속성과 조화를 이룬다는 사실을 알면서 누리는 것이었다. 그러므로 주님은 하나님께서 인자에게 맡기신 일을 즐거움으로 감당하셨다. 피조물은 창조된 목적 그대로 이룰 때 기쁨을 체험한다. 바울은, 성도의 기쁨은 삶 가운데서 하나님의 목적을 이루는 것이라고 말한다.

우리는 어떻게 성도가 되는가? 우리 모두 예수님의 삶과 교훈에 대해 듣기를 좋아한다. 그러나 그것이 무엇을 이룰 수 있는 것인가? 거듭난 자에게 물어보라. 그러면 그가 당신에게 거듭남으로써 자신에게 어떤 변화가 발생했는지 그의 언어의 한계 안에서 당신에게 말해줄 것이다. 거듭남이 완전한 차이를 만들어내는 이유는 우리가 예수 그리스도의 십자가에 의해 하나님의 아들의 생명으로 들어가기 때문이다. 우리가 위로부터 거듭났음을 말해주는 표시는 무엇인가? 그 표시는 하나님의 다스림을 보기 시작하는 것이다.

당신은 현실적인 삶 속에서 실제로 역사하는 새로운 힘, 새 생명, 새 성향을 가지고 있는가? 주님은 우리에게 평강과 기쁨과 생명을 구하라고 말씀하지 않으시고 "성령을 구하라"고 말씀하셨다눅 11:13. 우리가 성령을 구할 때, 성령을 약속하신 예수 그리스도께서 반드시 주실 것이다. 그 약속에 예수님의 명예가 달려 있기 때문이다. 하나님께서 성령을 그토록 쉽게 우리에게 주시는 이유는, 하나님의 아들이 행하신 일 때문이다. 주님은 친히 어떤 대가를 치르셨는지 절대로 강조하지 않으신다. 그럼에도 주께서 치르신 모든 것이 항상 우리의 신앙생활의 바탕이 된다.

우리의 자랑은 예수 그리스도의 십자가이다. 그 이유는 이 문을 통해 모든 새 생명이 들어오기 때문이다고전 2:2. 하나님께서 우리에게 원하시는 정상적인 삶은 주 예수 그리스도의 삶이다. 그러나 예수 그리스도의 흠 없는 완벽한 삶에 대해 말하는 것이 우리에게 무슨 소용이 있는가? 만일 예수 그리스도가 우리에게 주신 모든 것이 주께서 사셨던 삶의 전부라면, 이는 우리를 약올리는 것 밖에 되지 않는다. 이런 상황 가운데 정직한 사람은 절대적인 절망만 하게 될 것이다. 산상수훈의 팔복 설교가 무슨 소용이 있는가? 결국 우리가 이룰 수 없는 삶이 아닌가? 그러나 예수 그리스도의 죽음에 의해 하나님과 완전히 하나 된 생명이 우리의 것이 된다는 사실을 기억할 때 모든 것이 설명된다.

우리는 주의 십자가에 의해 하나님과 완전히 하나 되는 자리에 들어갈 수 있다. 당신은 그 자리에 들어갔는가? 당신이 누구이든 상관없다. 타락한 사람이든 도덕적인 사람이든 누구나 주의 죽음의 문을 통해 하나님과 하나 될 수 있다. 이것이 또한 '하나님의 즐거움의 최고봉'이라는 사실을 기억하면서 언제나 하나님께 감사하기를 멈추지 말라. 예수 그리스도의 십자가를 통해 우리는 창조된 목적을 이루기 시작한다. 이제 삶의 가장 큰 목적은 사람의 필요가 아니라 하나님의 영광이다. 일부 그리스도인들은 종종 사람을 향한 공감 때문에 하나님의 명령을 수렁에 처박는다. 이들은 필요를 기회로 만드는 대신 소명으로 만들어 버린다. 모든 계명 중 첫째는 "네 마음을 다하며 목숨을 다하며 힘을 다하며 뜻을 다하여 주 너의 하나님을 사랑하는 것"눅 10:27이다.

실체의 바탕은 구속이지 이성이 아니다. 이성은 우리가 실체 위에 서도록 돕는 도구이다. 논리와 이성을 주신 하나님께 감사한다. 그것들은 우리의 생명을 표현할 수 있도록 돕는 도구들이지만, 생명 그 자체는 이성으로 설명될 수 없다. 사람의 지성은 사람을 인도할 힘이 없다. 지식은 사람을 세련된 위선자로 만들든지, 아니면 예수 그리스도의 제자일 경우 하나님의 뜻을 바르게 분별하도록 돕는 노예가 된다요 7:17.

하나님께 합당하신 주님

"만물을 그에게 복종하게 하실 때에는 아들 자신도 그때에 만물을 자기에게 복종하게 하신 이에게 복종하게 되리니 이는 하나님이 만유의 주로서 만유 안에 계시려 하심이라" 고전 15:28.

이 구절은 요한복음 17장 5절의 기도가 이루어진 내용을 담고 있다. 아들이 이룬 구속이 현실 속에서 다 이루어지면, 모든 것이 주께 굴복하게 된다. 그때 온 인류와 하나님이 하나가 될 것이고, 인자는 완벽한 신격으로 귀속하면서 더 이상 존재하지 않게 될 것이다.

"만물을 그에게 복종하게 하실 때에는." 모든 것이 아직 주님께 복종한 것은 아니다. 구속은 개인적인 구원과 우리 몸의 구속을 의미할 뿐 아니라 물리적인 세계 곧 땅과 모든 우주가 조금도 빠짐없이 전부 구속되어 '새 하늘과 새 땅'이 됨을 의미한다. 이는 위임되었던 모든 권위가 사라지고 하나님께서 완벽한 권위가 되셔서 '만유의 주'가 되심을 뜻한다. 감사하게도 만유가 모든 면에서 하나님의 직접적인 통치 아래 놓일 날이 다가오고 있다.

우리는 새 하늘과 새 땅을 기다린다. 그때 인류는 예수 그리스도께서 이 땅에 계실 때 하나님 앞에 서셨던 것처럼, 그렇게 하나님 앞에 서게 될 것이다. 하나님의 아들이며 인자이신 예수 그리스도는 단순한 개인이 아니라 온 인류를 대표하는 분이시다.

하나님이 의도하신 인류를 보려면 예수님을 보라. 구속에 의해 인류는 새 하늘과 새 땅으로 인도함을 받는다. 인류가 실제로 그곳에 도달할 때, 예수 그리스도는 더 이상 인자로서 계시지 않고 완벽한 신격에 이르실 것이다. 아들은 아버지께 복종하고 하나님은 만유의 주로 계신다. 그때 주님의 기도는 응답된다. "아버지여 창세전에 내가 아버지와 함께 가졌던 영화로써 지금도 아버지와 함께 나를 영화롭게 하옵소서"요 17:5. 그 영광은 하나님 안에 있다.

영향력을 나타내는 우리의 영광

"의롭다 하신 그들을 또한 영화롭게 하셨느니라"롬 8:30.

우리는 요한복음 17장 5절에서 주님의 완벽한 신격에 관한 초월적인 계시를 접한다. 주님은 같은 장의 22절에서 두 번째 영광을 말씀하신다. "내게 주신 영광을 내가 그들에게 주었사오니." 자신의 위격 안에서 온 인류를 품으시고 대속을 위한 인자가 되셨을 때, 주님은 어떤 영광을 가지고 계셨는가? 그때 주의 영광은 무엇이었는가? 주를 보았던 자들마다 "그는 성육신하신 하나님이시다"라고 말하였는가? 아니다. 이사야는, "(그분은) 고운 모양도 없고 풍채도 없은즉 우리가 보기에 흠모할 만한 아름다운 것이 없도다"사 53:2라고 말하였다. 이 말이 사실일까? 당신의 마음을 들여다보면, 이 말이 사실인 것을 알 수 있을 것이다.

"우리는 최고를 볼 때 사랑하게 될 것이다"라는 말은 틀리다.

주님 당시의 사람들은 최고의 존재인 그분을 보았지만 그분을 미워하였다. 주님이 가장 사랑스러우신 분임을 볼 수 있으려면, 위로부터 거듭남으로써 내면적 수술을 받아 변화되어야 한다. 예수 그리스도의 영광은 외적인 것이 아니었다. 주님이 자신 안의 신성을 효과적으로 감추셨기에, 하나님의 영이 없는 사람들은 주님을 알아보지 못하고 멸시하였다. 주의 영광은 현실로 나타나는 거룩의 영광이었다.

무엇이 거룩인가? 내주하시는 하나님과 함께 변모된 도덕성이다. 다른 종류의 거룩은 거짓이거나 위험한 것들이다. 고등 기독교 삶⁎오스왈드 챔버스가 살던 당시의 영국에서 성결과 개인적인 거룩을 강조한 기독교 운동 – 역주은 추상적인 면으로 쇠퇴할 가능성이 높다. 그러나 주님의 거룩을 보면, 우리는 거룩이 무엇인지 알 수 있다. 거룩은 우리의 발로 오염되지 않은 길을 걷는 것이고, 혀로 더러운 말을 하지 않는 것이며, 이성으로 더러운 생각을 하지 않는 것이다. 또한 몸의 기관들로 더러운 거래들을 하지 않는 것이고, 마음으로 더러운 감정을 품지 않는 것이며, 상상으로 더러운 꿈을 꾸지 않는 것이다. 이것이 바로 예수님께서 그들에게 주시는 실질적인 거룩이다. 이것이 바로 거룩하게 되었다는 의미이다.

바울이 "나의 자녀들아 너희 속에 그리스도의 형상을 이루기까지 다시 너희를 위하여 해산하는 수고를 하노니"갈 4:19라고 말한 것은 당연하다. 하나님의 아들의 거룩은 우리의 일상생활에서 현실로 나타나야 한다. 이것이 구체적으로 효력을 나타내는 거룩의 실질적인 체험이다.

거룩의 실질적인 체험이 바로 영향력을 나타내는 우리의 영광이다. 바울은 의롭게 된 후의 영화로움에 대해 말하는 것이 아니라 '지금'을 말하고 있다. 감사하게도, 우리는 주님의 즐거움을 지금 현실적으로 체험할 수 있다. 주님의 즐거움이 우리의 의식적인 체험을 초월하는 이유는 그 즐거움이 우리를 하나님의 의식으로 이끌기 때문이다. 우리의 몸에 달린 명예는 하나님의 명예이다. 당신은 하나님의 아들이 주의 놀라운 구속에 의해 우리 안에 형성되었다는 사실을 깨닫는가? 주님과 조화를 이루는 삶의 습관을 가졌는가? 현실의 삶 가운데서 나타나는 실질적인 거룩의 영광이 지금 이곳에서의 성도의 영광이다. 먹든 마시든 복음을 선포하든, 삶의 모든 면에서 우리 안의 온전한 새 생명이 나타나는 것이 성도의 현재 영광이다.

주님의 신실하신 하나님의 얼굴

"말씀이 육신이 되어 우리 가운데 거하시매 우리가 그의 영광을 보니 아버지의 독생자의 영광이요 은혜와 진리가 충만하더라"요 1:14.

하나님의 영이 운행하고 하나님의 말씀이 선포되면서 창조가 시작된다창 1:2-3. 요한은 우리를 그 장면으로 이끌어간다. 또한 잠언 8

장을 보라. 말씀이 주 예수 그리스도 안에서 성육신한다. 주님은 하나님의 말씀이 성육신하여 육체가 된 분이시다. 주님 안에서 우리는 하나님의 얼굴을 본다. 주께서 자신에 대해 하신 모든 말씀은 다음 구절과 완벽하게 일치된다. "나와 아버지는 하나이니라"요 10:30. 예수님은 "나와 인류는 하나이니라"고 말씀하지 않으셨다. 예수님은 그 어디에서도 하나님과 사람은 하나라고 말씀하신 적이 없다. 또한 어디에서도 "사람을 본 자는 하나님을 보았다"고 말씀하신 적이 없다. 예수님은 그 어디에서도 하나님이 사람 안에 계셨다고 가르치신 적이 없다.

주님은 하나님께서 자신의 위격 안에서 사람의 육체로 나타나셨기에, 자신이 이제 모든 사람들 안에서 같은 사건을 발생시키는 중심부가 될 것이라고 가르치셨다. 이를 위한 주님의 산고는 성육신과 갈보리와 부활이다. 예수 그리스도는 일부 사람들이 주장하는 것과 달리 모든 인간이 하나님의 표본이라고 말씀하지 않으셨다. 그들은 "이성은 하나님이며 논리적이지 않은 것은 없다. 죄는 적극적인 행위라기보다 하나님을 이해하는 데 있어서의 결함이다"라고 주장한다. 이러한 신성모독은 처음에는 "하나님은 모든 것이다"라는 심각하지 않은 것처럼 보이는 주장으로부터 출발한다. 그러나 "하나님은 모든 것이 아니다." 나는 하나님이 아니며 당신도 하나님이 아니다. 예수 그리스도는 하나님을 아버지로 계시하신다.

"내가 곧 길이요 진리요 생명이니 나로 말미암지 않고는 아버지께로 올 자가 없느니라"요 14:6.

예수님은 우리가 자취를 남기는 길이나 바른 방향을 보여주는 지표라기보다, 방법길 그 자체이시다. "내 안에 거하라." 주님 안에 거하면 결과적으로 주께서 인간의 심연을 만족시키신다. 주께서 당신의 마음 가장 깊은 곳을 만족시키셨는가? 그렇지 않다면, 왜 당신은 기독교 사역을 하는가? 사람들의 영혼을 구원하는 일에 왜 그토록 힘쓰는지 설명할 수 있는가? 성령의 거듭나게 하시는 역사가 아니라면, 우리가 하는 기독교 사역은 부패한 종교 상업주의를 소개하는 것 밖에 되지 않는다마 23:15. 우리는 왜 사람들이 구원 받기를 원하는가? 예수 그리스도 때문에 그러한 변화가 우리에게 발생한 것이라면, 우리는 친구들이 거듭나는 자리에 이를 때까지 밤낮으로 쉬지 않고 기도하게 될 것이다. 이것이 매일 실제로 경험되는 성령에 의해 발생된, 영혼을 향한 열정이다.

만일 우리가 하나님이 어떤 분이신 줄 알기 원한다면 주 예수님을 연구하라. "나를 본 자는 아버지를 보았느니라"요 14:9. 주님이 육체로 계실 당시에 사람들은 그분을 어떻게 볼 수 있었는가? 자연적인 눈으로 볼 수 있었는가? 아니다. 주께서 부활하신 후 성령을 받았을 때 그들의 눈이 열리면서 주님을 알아볼 수 있었다. 우리는 이성이 아니라 새 생명에 의해 주님을 안다. 예수 그리스도는 우리에게 하나님의 신실하신 얼굴이다. 성령에 의해 예수 그리스도를 알아본 사람들 중 더 이상 예수님을 의심한 사람이 있었던가? 다음과 같은 어리석고 고통스럽고 짜증나게 하는, 전혀 답할 가치가 없는 질문을 고려해보라.

"죽음 후에 내가 어떤 사람을 사랑했는지 알 수 있습니까?"

이 질문은 거칠고, 아무런 가치가 없고, 틀리고, 어리석고, 고통스러운 질문이다. 지금 예수 그리스도를 바라보라. 성령에 의해 주님과 접하도록 하라. 그러면 그러한 질문은 불가능해질 것이다. 주님은 말씀하신다. "너희는 마음에 근심하지 말라 하나님을 믿으니 또 나를 믿으라" 요 14:1. 하나님의 얼굴은 주 예수 그리스도시다. 이는 항상 한 가지 간단한 요점으로 돌아오게 한다. "내게로 오라" 마 11:28.

우리의 영속적인 영광

> "아버지여 내게 주신 자도 나 있는 곳에 나와 함께 있어 아버지께서 창세전부터 나를 사랑하시므로 내게 주신 나의 영광을 그들로 보게 하시기를 원하옵나이다" 요 17:24.

이제 주님께서는 우리가 보게 될 주의 영광을 말씀하신다. 우리는 대양의 물방울같이 하나님께 흡수되는 것이 아니라 주님과의 완전한 하나 됨으로 들어올려진다. 완성된 구속 안에서 인간은 하나님과의 상호 사랑 가운데 승화된다. 주님은 "내게 주신 나의 영광을 그들로 보게 하시기를 원합니다"라고 말씀하신다. 여기서 주의 영광은 무엇인가? '창세전부터 아버지와 함께 나누었던 영광'이다. 우리의 영속적인 영광은 주의 구속의 결과로서 구원 받고 거룩하게 되며 말로 다 할 수 없는 영광으로 들어올려지는 것뿐 아니라 하나님을 얼굴과 얼굴로 맞대고 보는 상상할 수 없는 영광이기도 하다. 이것이 바로 예수 그리스도께서 성도들을 위해 기도하셨던 내용이다. 이는 우리가 지금 이곳에서 가질 수 있는 영광이 아니라 앞으로 갖게 될 영광으로서, 주의 영광을 직접 보는 영광이다.

역자 후기

주님이 이루신
구속의 효력을 깨닫도록 이끄는 책

    오스왈드 챔버스의 글들을 번역할 때마다 각각의 책에서 느끼는 깨달음과 소감은 사뭇 다르다. 대다수에게 낯선 주제를 다룬 이 책을 번역하면서 지금 이 시대에 반드시 필요한 책임을 확신하게 되었고, 이 귀한 메시지를 많은 사람들에게 잘 전달하고 싶은 소망으로 주께 많은 기도를 드리게 되었다.

    이 책은 이 땅에 사셨던 주님의 삶과 지금 그리스도인으로서 사는 우리의 삶을 비교하여 보여준다. 우리의 신앙생활은 처음부터 끝까지 주 예수 그리스도 덕분에 가능하다. 또한 오스왈드 챔버스가 언급하는 '영생'은, 사상이나 개념이 아니라 예수 그리스도의 생명이 실제로 우리 안에 거하시는 것을 의미한다. '영생'은 그리스도의 생명으로서 나의 자연적 생명보다 더 분명하고 강력하며 확실한 생명이다. 이 생명은 성령에 의해 주님께서 이루신 일들을 '체험'한다.

오스왈드 챔버스에 따르면, 주님께서 이 땅에서 사셨던 삶은 이제 '영생'으로 우리 안에 오신 주 예수 그리스도로 인해 우리에게도 가능하다. 이 삶이야말로 진정으로 가치 있는 삶이고, 이러한 삶을 우리가 살도록 하기 위해 주께서 십자가를 지신 것이다. 따라서 이러한 영생의 삶이 현실에 나타나지 않으면 주님의 십자가 보혈을 무가치하게 만드는 일이 된다. 놀랍게도 주의 죽음과 함께 죽는 자들마다 예수님의 부활로 인해 새 생명을 얻는다. 따라서 주님과 함께 죽은 자는 주님과 함께 살아난다. 그리고 '자신의 생명을 주께 드리는 삶'을 계속 살 때 그리스도의 부활 생명의 효력이 그 사람의 삶 가운데 그대로 나타나기 시작한다.

　오스왈드 챔버스의 책은 심오하다. 이번 「오스왈드 챔버스 십자가의 구속」은 주님이 하신 일과 내가 할 일을 잘 구분해 줌으로써, 하나님의 구속의 섭리를 '함께' 이루어가는 구체적인 과정과 지혜와 방법을 알려주고 있다.

　이전 책들과 마찬가지로 이 책의 번역을 마친 후 역자의 말문이 막혔다. 참으로 고집센 내 자아와 끝까지 주께 자신의 권리를 양도하기를 거절하는 나의 불신앙을 노골적으로 들켰기 때문이다. 한편으로, 참된 신앙생활은 매우 간단한 것이고 승리하는 신앙생활은 오직 주 예수 그리스도만을 '인격적'으로 의식하는 가운데 그분을 사랑하여 내 모든 것을 다 드리기만 하면 된다는 사실을 다시금 절실하게 깨달았다. 그리고 세상의 모든 욕심을 내려놓는다면 오스왈드 챔버스가 말한 그 경지까지 달려갈 수 있겠다는 소망을 갖게 되었다. 따라서 내가 아는 내 죄성을 주님의 구속 앞에 내려놓고 그 구속을 통해 내게 임하시는 성령의 역사를 의지하면서 나아가기만 하면, 주께서 나를 귀히 여기셔서 주의 나라를 위해 사용해주실 것을 확신할 수 있었다.

이 책을 읽는 독자들도 역자가 이 책을 통해 체험한 찔림과 소망과 확신을 그대로 경험하게 될 것이다. 그 이유는 성령의 역사 가운데 주께서 이루신 구속의 효력을 각자 개별적으로 깨닫게 될 것이기 때문이다.

스데반황

오스왈드 챔버스 시리즈 15

오스왈드 챔버스 십자가의 구속

1판 1쇄　2009년 10월 5일
2판 2쇄　2021년 1월 25일

지은이　오스왈드 챔버스
옮긴이　스데반 황
발행인　조애신
책임편집　이소연
디자인　임은미
마케팅　전필영, 고태석
경영지원　김정희, 전두표

발행처　도서출판 토기장이
주소　서울시 마포구 망원로 26 토기장이 B/D 3F
출판등록　1998년 5월 29일 제1998-000070호
전화　(02) 3143-0400
팩스　(02) 3143-0646
이메일　tletter@hanmail.net
페이스북　www.facebook.com/togijangibook
인스타그램　@book.library.togi

ISBN　978-89-7782-368-6

- 이 책은 저작권 법에 따라 보호를 받는 저작물이므로 무단 전재와 무단 복제를 금합니다.
- 이 책의 전부 또는 일부를 이용하려면 반드시 저자와 도서출판 토기장이의 동의를 받아야 합니다.
- 이 도서의 국립중앙도서관 출판예정도서목록(CIP)은 서지정보유통지원시스템 홈페이지
 (http://seoji.nl.go.kr)와 국가자료공동목록시스템(http://www.nl.go.kr/kolisnet)에서
 이용하실 수 있습니다.(CIP제어번호: CIP2016024058)

도서출판 토기장이는 생명 있는 책만 만듭니다.
"우리는 진흙이요 주는 토기장이시니 우리는 다 주의 손으로 지으신 것이니이다"(이사야 64:8)